Mystische Pfade
Schwäbische Alb

Beim Aussichtsfelsen Rauher Stein liegt uns das Obere Donautal malerisch zu Füßen. (TOUR 33)

Annette und Lars Freudenthal

Mystische Pfade

SCHWÄBISCHE ALB

35 Wanderungen auf den Spuren von Mythen und Sagen

BRUCKMANN

Der Rundweg Beutental führt an pittoresken Fachwerkhäusern vorbei. (TOUR 3)

Unterhalb der Ruine Hohenrechberg wandern wir wie in einem Bilderbuch. (TOUR 5)

Mittlere Kuppenalb von Geislingen an der Steige bis Lichtenstein

Lange Zeit war die Ruine Helfenstein unter dem Wald verborgen. (TOUR 9)

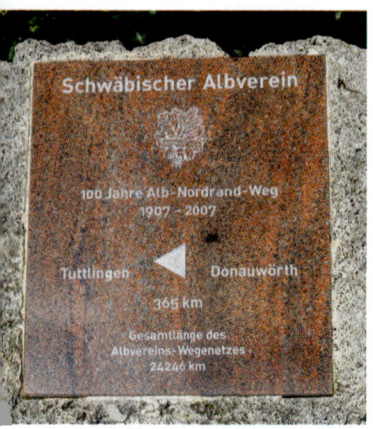

2007 feierte der Schwäbische Albverein 100 Jahre Alb-Nordrand-Weg. **(TOUR 15)**

Die Burg Hohenurach bildet das herausragende Ziel auf dem gleichnamigen Grafensteig. **(TOUR 17)**

Mittlere Flächenalb von Blaubeuren bis zum Großen Lautertal 94

Um den Blautopf rankt sich Eduard Mörikes Sage der schönen Lau. (TOUR 21)

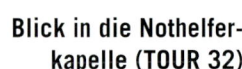
**Blick in die Nothelfer-
kapelle (TOUR 32)**

Das Schloss Lichtenstein wurde aus einem Märchenbuch an den Felsrand oberhalb der Echaz gesetzt. (TOUR 20)

Bei der Burg Reußenstein
lernen wir die Geschichte vom
Riesen Heim kennen.
(TOUR 13)

Vorwort

Die »Mystischen Pfade Schwäbische Alb« sind bereits unser dritter Wanderführer, bei dem wir uns auf die Spuren von Sagen und Geschichten begeben. Wie schon im Schwarzwald und im Elsass war bereits die Recherche ein spannendes Abenteuer, bei dem uns die Alb immer wieder aufs Neue überraschte. Anstelle des sehr einfachen Bilds aus dem Schulunterricht, nach dem die Schwäbische Alb eine große Stufe mit wenigen Zeugenbergen davor bildet, rückte eine vielfältig gegliederte Landschaft, die mit unzähligen Windungen am Albtrauf, tief eingeschnittenen Tälern, vor allem aber einem Reichtum an Geschichte und Legenden begeistert.

Zusammen mit den Höhlen und Felskanzeln, Burgen und Schlössern stellte uns die Alb das dritte Mal vor die Frage: Welche Geschichte, welche Begebenheit, welch bitterem Schicksal gehen wir nach, und was lassen wir außen vor? Als Lösung haben wir auf einige Ecken und Begebenheiten verzichtet, die auch ohne dieses Buch gefunden werden oder bekannt sind. Stattdessen begleiten wir Sie an einige Orte, die abseits der ausgetretenen Wanderwege liegen. Darunter finden sich dann auch mehrere Plätze, die wir zu Beginn unserer Recherchen selbst nicht gekannt hatten.

Allen voran sind dies die sagenumwobenen Burgen entlang der Großen Lauter, am Albtrauf und im Oberen Donautal sowie die hoch über dem Tal liegenden Felsen der Hohen Schwabenalb und Mittleren Kuppenalb. Ist es beim Blautopf das unergründliche Wasser, das die Fantasie der Menschen anregt, so ist es bei der Hauserner Wand, dem Felsenmeer oberhalb Albstadt oder der Wolfsschlucht nahe Bad Urach der Zauber der Natur selbst, der einen in Atem hält und herrliche Wandermomente beschert.

Daneben sind es die Geschichten, welche von einer Generation zur nächsten weitergegeben werden und die uns auf Schritt und Tritt begleiten. Besonders verdient haben sich hier Eduard Mörike, selbst ein passionierter Alb-Wanderer, mit der Sage der »Schönen Lau«, Wilhelm Hauff mit einer Vielzahl an Märchen und Romanen und der Naturwissenschaftler David Friedrich Weinland mit »Rulaman« gemacht. Zuletzt führen wir Sie auch auf der Schwäbischen Alb auf Felskanzeln und durch Täler, zu denen es vielleicht nichts großartig zu erzählen gibt – die aber so idyllisch sind, dass man sie unbedingt erlebt haben sollte.

Viel Freude beim Wandern wünschen
Annette und Lars Freudenthal

Einleitung

Die Schwäbische Alb zählt zu den wenigen Mittelgebirgen in Deutschland, die schon sehr früh besiedelt wurden. Insbesondere Grabungen in Höhlen wie dem Geißenklösterle im Achtal oder am Rosenstein bei Heuberg förderten zahlreiche Spuren von eiszeitlichen Jägern und Sammlern zutage. Nach der Steinzeit entstanden während der Bronze- und Hallstattzeit zahlreiche Grabhügel. Auf Hochflächen, die nur über einen schmalen Zugang mit dem Albmassiv verbunden sind, errichteten die Kelten Oppida, die sie mit Wällen und Zangentoren gegen Eindringlinge schützten. Ein solcher Durchlass wurde am Übergang der Bassgeige zur Burg Hohenneuffen in Teilen rekonstruiert.

Zur Zeit der Römer bildete der Alblimes im 1. Jahrhundert n. Chr. die Reichsgrenze. Den Römern folgten die Alemannen, welche zahlreiche Dörfer und Siedlungen gründeten. Im Mittelalter, besonders ab dem 11. Jahrhundert, begann schließlich die Blütezeit der Burgen. Sowohl die Staufer als auch die Hohenzollern hatten hier ihr Machtzentrum und lenkten vom Schwäbischen aus ihre großen Reiche.

Im Kontrast dazu steht das karge Leben auf der rauen Alb. »Viele Steine gab's und wenig Brot«, brachte der Dichter Ludwig Uhland das von Entbehrungen geprägte Leben der einfachen Menschen auf den Punkt. Entsprechend groß war der Traum vom Reichtum – ob durch ein großzügiges Geschenk durch den Riesen Heim oder durch die Unterstützung kleiner Erdleutlein, welche den Dorfbewohnern bei der Arbeit halfen. Andere Erzählungen enden tragisch, sodass man doch wieder auf sich selbst angewiesen ist. So ist es nur gerecht, dass auch wir als Wanderer die Alb und ihre mystischen, idyllischen oder auch einfach nur traumhaft schönen Gegenden aus eigener Kraft erkunden. Immerhin: Um die Rückkehr zum Ausgangspunkt brauchen wir uns keine Gedanken zu machen. Denn alle 35 Touren haben wir so angelegt, dass wir am Ende wieder dort ankommen, wo wir die Wanderung begonnen haben.

Gut gerüstet besser ans Ziel

Als Mittelgebirge wird die Schwäbische Alb oft unterschätzt. Doch auch hier

gilt: Feste Wander- oder Trekkingschuhe sind ein Muss für sicheres Wandern. Halbschuhe, Turnschuhe oder ähnliche Treter bieten zu wenig Halt, wirken sich negativ auf die Fußgesundheit aus und sind oft der Auslöser von vermeidbaren Unfällen. Wanderstöcke hingegen begünstigen eine aufrechte Körperhaltung, schonen die Gelenke und helfen in unachtsamen Momenten, Stürze zu vermeiden. Ebenfalls von Vorteil ist bequeme Wanderkleidung aus Funktionsmaterial, das schnell trocknet und sich leicht trägt. Auf Abstand sollte man hingegen beim Rucksack gehen, und zwar auf Abstand zum Rücken. Dies ermöglichen spezielle Bauweisen, die das Ge-

Der auch als Silberstrich bekannte Kaisermantel ist noch häufig am Lochenstein anzutreffen. (TOUR 30)

Die Gerberhöhle diente den Menschen wiederholt als Unterschlupf. (TOUR 24)

Blick in den komplett umbauten Innenhof der Burg Wildenstein. (TOUR 33)

wicht optimal verteilen und eine bessere Luftzirkulation erlauben. Dadurch bleiben Wanderhemden auch an warmen Sommertagen länger trocken und man hat ein deutlich besseres Gefühl auf der Haut.

Verantwortung und Selbsteinschätzung

Alle in diesem Wanderführer beschriebenen Touren orientieren sich an den offiziell ausgewiesenen Wanderwegen des Albvereins und der Tourismusverbände. So führen uns die Wegweiser und die Markierungen mit verschiedenen Symbolen und Farben sicher von A nach B und wieder zurück zum Ausgangspunkt. Da in den letzten Jahren einige Gebiete auf der Alb neu beschildert wurden, stellen wir außerdem verschiedene, zum Teil als Premiumwanderweg zertifizierte Pfade und Wege vor, die Ihnen eine verlässliche Beschilderung gewährleisten. Umgekehrt sind aufgelassene Wege oder nur schlecht begehbare Trampelpfade ohne besondere Hinweise ein sicheres Indiz dafür, dass man einen Abzweig verpasst hat. Wenn sich der nächste, gut begehbare Weg nicht zufällig in Sichtweite befindet oder klar ist, wie man wieder auf den rechten Weg findet, ist es oft besser, auf sein Bauchgefühl zu achten und zur letzten Wegkreuzung zurückzukehren. Da in diesem Buch ausschließlich Rundwanderungen beschrieben sind,

---

Schwierigkeitsgrade

● **Leicht:** Eher kurze Runden, die keine oder kaum Trittsicherheit erfordern und nur wenige Steigungen beinhalten.

● **Mittel:** Touren mit längeren Auf- und Abstiegen und/oder längeren Runden, die eine gewisse Kondition und Trittsicherheit erfordern.

● **Schwer:** Diese Runden setzen Kondition und Trittsicherheit, zum Teil auch Schwindelfreiheit voraus. Doch auch diese Touren stellen geübte Wanderer vor keine allzu großen Aufgaben oder lassen sich durch Varianten entschärfen.

ist es für die Orientierung ebenfalls hilfreich, sich zu Beginn der Tour zu merken, ob man im oder gegen den Uhrzeigersinn wandert.

Ein Ziel dieses Buches ist, dass man nach den einzelnen Touren zufrieden auf die vergangenen Stunden und das Geleistete zurückblicken kann. Dies gelingt am besten, wenn man sich und seine Mitwanderer richtig einschätzt. Die längeren Touren wie etwa zum Reußenstein und zur Schertelshöhle, über die Bassgeige zur Hohenneuffen, auf der Hossinger Hochalb sowie im Oberen Donautal sollten daher erst in Angriff genommen werden, wenn schon eine gewisse Grundkondition und Erfahrung im Gelände vorhanden sind. Hierzu zählt auch, das Wetter richtig einzuschätzen. Denn gerade an heißen Sommertagen bilden sich in den Tälern entlang des Albtraufs gerne Gewitterwolken, die oft schon nachmittags mit Platzregen und Hagel sowie Blitz und Donner niedergehen. Ein Regenschutz sollte deshalb immer dabei sein.

Ebenfalls hilfreich ist es, die Entwicklung von Regenwolken im Internet, etwa auf www.regenradar.de oder www.niederschlagsradar.de, zu beobachten. Im Zweifelsfall sollte man sich auch nicht davor scheuen, eine Tour abzubrechen bzw. nach dem Unwetter fortzusetzen. Generell Vorsicht ist bei Nässe, auf exponierten Felsen am Albtrauf sowie auf felsigen Pfaden geboten, da der anstehende Kalkstein schon von Natur aus glatt ist und schon bei wenig Feuchtigkeit keinen verlässlichen Halt mehr

Flockenblumen und Klatschmohn zaubern Farbtupfer in die Landschaft. (TOUR 35)

Wildrose am Waldrand

Küchenschelle

Wiesenbocksbart

bietet. Bei zugänglichen Höhlen sind besondere, oft vor Ort angegebene Hinweise zur Sicherheit und dem Schutz zum Beispiel von Fledermäusen zu beachten. Wir empfehlen, nur so weit in eine Höhle einzudringen, wie diese vom natürlichen Licht hell genug ausgeleuchtet wird. Das Befahren einer Höhle erfordert entsprechende Erfahrung oder eine fachkundige Führung.

Pause mit Genuss

Zu einer schönen Wanderung gehört natürlich auch eine Einkehr oder längere Rast. Hier haben wir es auf der Schwäbischen Alb bestens getroffen. Denn die hier beschriebenen Wanderungen führen uns zu zahlreichen, traumhaft gelegenen Plätzen, von denen man Jahre später noch schwärmt. Zudem kommen die meisten der Touren an zumindest einer Wirtschaft vorbei, sodass man sich mit Gleichgesinnten austauschen und nebenbei die »Mystischen Pfade Schwäbische Alb« weiter empfehlen kann. Bevor Sie darauf verzichten, ein eigenes Vesper mitzunehmen, vergewissern Sie sich aber, dass die gewählte Wirtschaft geöffnet ist.

Anfahrt

Viele Wanderziele sind im Schwäbischen Raum mit öffentlichen Verkehrsmitteln zu erreichen. Hierfür haben wir den Namen der jeweiligen Haltestelle angegeben. Wer mit dem Auto anreist und ein Navi nutzt, kann die im Infokasten der einzelnen Touren angegebenen Koordinaten eingeben. Diese führen ihn punktgenau zum Ausgangspunkt der Wanderung bzw. zur nächstgelegenen Parkmöglichkeit.

Gehzeiten und Höhenangaben

Die genannten Zeiten sind die reine Gehzeit. Weil es bei vielen der Touren einiges zu entdecken gibt, beinhaltet diese auch die Zeiten, in denen man sich umsieht und die Landschaft auf sich wirken lässt. Pausen oder gar eine längere Einkehr sind darin jedoch nicht

Unsere Favoriten

. . . .

Rosenstein – Von den Eiszeitjägern über die Kelten bis zum Schlossberg, Tour 1
Felsenrunde bei Bad Überkingen mit dem Geologischen Fenster Hausener Wand, Tour 7
Hohenwittlingensteig mit Kaisereiche und Wolfsschlucht, Tour 18
Ruine Dietfurt und Donaufelsengarten, Tour 34
Auf dem Kloster-Felsenweg zur Teufelsbrücke und den Fürstlichen Anlagen Inzigkofen, Tour 35

enthalten. Rechnen Sie auch bitte etwas Zeit für unvorhergesehene Änderungen ein, sodass Sie auch bei zusätzlichen Abstechern, bei kürzerem Verlaufen oder einem gesperrten Weg (z. B. wegen Holzfällarbeiten) noch rechtzeitig zurück am Ausgangspunkt sind. Unsere Höhenangaben beinhalten die tatsächlich zu leistenden Höhenmeter. Lediglich kleine Kuppen und Senken mit nur geringem Höhenunterschied haben wir ausgelassen. So stehen Sie nicht plötzlich vor einem großen Zwischenanstieg, der nirgends erwähnt wird.

Blick über die Terrassen der Burgruine Hohengundelfingen (TOUR 23)

Orientierungsscheibe auf dem Breitenstein (TOUR 15)

Internetadressen

www.naturpark-obere-donau.de
Gemeinsamer Auftritt der 56 Mitgliedsgemeinden im Naturpark Obere Donau
www.biosphaerengebiet-alb.de
Umfassende Informationen zu den Aufgaben und Besonderheiten des Biosphärengebietes Schwäbische Alb
www.albverein.net
Gemeinsamer Auftritt der Ortsgruppen des Schwäbischen Albvereins
www.schwaebischealb.de
Tourismusverband der Schwäbischen Alb
www.freudenthal.biz
Unser Blog mit Wander- und Reiseberichten aus aller Welt

Östliches Albvorland

Ausblick vom Ostfels zum Rosenstein (oben links). Steiniger Löwenpfad zur Spielburg (oben rechts). Blick durch die Große Scheuer am Rosenfels (unten links). Zugang zur Kernburg der Hohenrechberg (unten rechts).

1

Rosenstein

Von den Eiszeitjägern über die Kelten bis zum Schlossberg

mittel 5,4 km 200 Hm 2.00 Std.

Tourencharakter
Waldreiche Wanderung mit einigen
Besonderheiten am Wegrand. Für
die Abstecher zu den Höhlen sowie
auf den Pfaden unterhalb der Burgruine und der Waldschenke sind festes Schuhwerk und Trittsicherheit
erforderlich.

Ausgangspunkt/Endpunkt
Parkplatz Rosenstein, 675 m

Höchster Punkt
Bereich nördlich Rosenstein,
ca. 735 m

Anfahrt
GPS 48.7892, 9.9567
Pkw: Von der B 29 Schwäbisch
Gmünd–Aalen bei Böbingen oder
Mögglingen abfahren und der Land-
straße bis Heubach folgen. In Heu-
bach von der Hauptstraße in die
Fritz-Spießhofer-Straße abbiegen
und der Beschilderung über den
Pionierweg zum Wanderparkplatz
folgen.
Bus & Bahn: —

Einkehr
Waldschenke Rosenstein, Fr–Mi ab
11Uhr, www.waldschenke-rosen-
stein.de

Beste Jahreszeit
April bis Oktober

Informationen
Stadtverwaltung Heubach,
Tel. 0 71 73/18 10,
www.heubach.de

Der Rosenstein zählt zu den herausragenden archäologischen Denkmälern der Alb. Nachdem zum Ende der
letzten Eiszeit Rentierjäger in den Höhlen Schutz gesucht hatten, errichteten die Kelten mehrere Wallanlagen. Im 13. Jahrhundert folgte die Burg Rosenstein,
deren Westfassade weithin sichtbar über der Kleinen
Scheuer thront.

Keltische Wallanlagen Bereits beim **Ⓐ Parkplatz Lauterursprung** können wir einige Zeit mit dem Studium der dort aufgestellten Infotafeln
verbringen. Unsere Wanderung entspricht dem Archäologischen Pfad
»15 000 Jahre Geschichte auf dem Rosenstein«. Nach der ersten Orientierung folgen wir der Beschilderung des Themenwegs sowie hier auch
dem roten Dreieck des Albsteigs (HW 1) über den bequem zu laufenden Schlossweg bis zu einer Wegspinne. Kurz bevor wir diese erreichen,
kreuzen wir die Wallanlagen A und B. Im Gelände zeichnet sich vor allem der einst 460 Meter und bis zu 20 Meter breite Wall A ab. Er sperrte

das Rosensteinplateau einst gegenüber der südlich angrenzenden Albhochfläche ab. Der dahinter liegende Wall B ist nur noch in Fragmenten auf einer Länge von 150 Metern erhalten.

Wall C Beim Wegweiser ❶ **Rosenstein-Wegspinne** wechseln wir schräg rechts auf den mit liegender roter Gabel markierten Weg und queren 400 Meter weiter den Wall C. Mit einer Länge von 660 Metern ließ sich damit eine 27 Hektar große Fläche vom östlichen Rosenstein abtrennen. Durch die spätere landwirtschaftliche Nutzung sind leider weite Teile der Anlage aus der Landschaft verschwunden. Auch ist fraglich, ob die Befestigungsanlage überhaupt jemals fertiggestellt worden war, sodass wir bald weitergehen können.

Das Finstere Loch und der Sedelfelsen Bei der nächsten Kreuzung biegen wir mit der Markierung »Rote Gabel« erst rechts, dann bei der T-Kreuzung links und am Wegende schließlich erneut rechts ab. Der Themenweg führt uns damit über die Höhle »Finsteres Loch« auf den Sedel. Die Karsthöhle ist über einen Abstecher zu erreichen, vom 1. Mai bis Ende September geöffnet und begehbar. Die Befahrung der Höhle erfolgt auf eigenes Risiko und sollte nur als Gruppe mit mindestens drei Personen in Angriff genommen werden. Nach dem Abstecher geht es an einem ersten

Finsteres Loch

Die Höhle *Finsteres Loch* ist mit 140 m Länge die größte von mehr als 30 Höhlen am Rosenstein mit Öffnung zur Außenwelt. Nahe dem südlichen Zugang weitet sich die Höhle zu einer bis zu 17 m breiten und fünf Meter hohen Halle. Über einen rund 50 m langen Gang ist diese mit einer zweiten, 36 m langen und 6,50 m breiten Halle verbunden. In der kalten Jahreszeit dient das *Finstere Loch* Fledermäusen als Winterquartier.

Beim Aussichtspunkt Schöne Aussicht liegt uns das nördliche Albvorland zu Füßen.

Aussichtspunkt vorbei auf den ❷ **Sedelfelsen.** Am östlichsten Punkt der Wanderung bietet er uns eine schöne Aussicht über das obere Lautertal zum gegenüberliegenden Pfaffenberg.

Große Scheuer und Höhle Haus Wieder zurück auf sicherem Terrain, führt uns der Themenweg auf der Nordseite des Rosensteins an einem weiteren Aussichtsfelsen vorbei zu einem grob angelegten Treppenweg. Dieser ist zwar etwas unbequem hinunterzusteigen, mit einem Geländer aber doch einigermaßen gut gesichert. Am unteren Ende des Gangs kommen wir zur ❸ **Großen Scheuer.** Die 44 Meter lange und bis zu sieben Meter hohe Höhle zeugt von einem Höhlensystem, das bereits in vorgeschichtlichen Zeiten kollabierte. Bei dem Bergsturz wurden Teile des vorderen Höhlenbereichs in die Tiefe gerissen und ein torförmiger Eingang geschaffen, durch den Tageslicht in die verbliebenen Teile der Großen Scheuer einfällt. Links des Gangs befindet sich die ❹ **Höhle Haus.** Mit Funden aus der Jungsteinzeit bis ins späte Mittelalter wurden hier bislang Spuren aus den meisten Zeitepochen am Rosenstein gefunden. Der Zugang in die Höhle ist möglich, jedoch bei Nässe schnell glitschig.

Auf dem Scheuerhauweg zur Waldschenke Sowie wir wieder heil beim oberen Ende des Gangs zurück sind, folgen wir dem Scheuerhauweg entlang des Traufs über die »Schöne Aussicht« und einem weiteren Aussichtspunkt sowie an der Station 6 »Keltische Höhensiedlungen« bis zu einer Verzweigung des Themenwegs. Wer einfachere Wege bevorzugt, kann links abbiegen. Schöner finden wir die vor

Einfallendes Licht verleiht der Großen Scheuer eine mystische Atmosphäre.

Ort gestrichelt dargestellte Variante, die uns wie auch die Markierung »Rote Gabel« am Rand des Plateaus an einer markanten Felsformation vorbeiführt. Wo beide Varianten wieder zusammentreffen, trennen uns noch wenige Schritte von der ❺ **Waldschenke**. Zu den Spezialitäten des Ausflugslokals zählen Lachsmaultaschen, Schwäbische Maultaschen sowie verschiedene Flammkuchen.

Lärmfels und Ruine Rosenstein Nachdem wir die Lichtung auf dem Franz-Keller-Weg wieder verlassen haben, lohnt sich rechts ein weiterer Abstecher zur Station 8, »Freiluftfundstelle Sand«, auf dem ❻ **Lärmfels**. Beachtenswert ist dort außerdem die aus Metall gefertigte Orientierungsscheibe, auf der Orte der näheren, der fernen und der ganz fernen Umgebung verzeichnet sind; auch eine geschwungene Rastbank ist zu finden. Über einen zweiten Pfad geht es zurück auf den breiteren Waldweg und rechts über eine Brücke zur ❼ **Ruine Rosenstein**. Abgesehen von der Westfassade und von Teilen der Nord- und Südmauer sind von der Burg nur spärliche Mauerreste und Gräben erhalten. Dafür lohnt sich die Aussicht über Heubach hinweg zum Galgenberg und, südlich davon, zum bewaldeten Scheuelberg.

Kleine Scheuer und Dreieingangshöhle Von der Burg folgen wir dem Franz-Keller-Weg um die Südmauer herum hinunter zu einem anderen Weg. Bevor wir links abbiegen, lohnt sich ein letzter Abstecher rechts zur ❽ **Kleinen Scheuer**. Anschließend folgen wir dem Themenweg in entgegengesetzter Richtung über enge und steinige Pfade zur ❾ **Dreieingangshöhle**, ehe wir den Aufgang rechts der Höhlenzugänge hinauf auf den Weg zur Waldschenke nehmen und rechts über die ❶ **Wegspinne** und den Schlossweg zurück zum Ausgangspunkt beim ❷ **Parkplatz Lauterursprung** finden.

Die Fassade der Ruine Rosenstein ist nur aus der Ferne gut einzusehen.

2 Rund um den Nägelberg

Über die Teufelsklinge zum Himmelreich

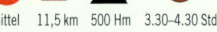

mittel   11,5 km   500 Hm   3.30–4.30 Std.

Tourencharakter
Der Zugang zur Teufelsklinge erfordert ein gutes Maß an Trittsicherheit und kann auch ausgelassen werden. Ansonsten mittelschwere Runde auf bequem zu laufenden Forst-, Waldwegen und Pfaden.

Ausgangspunkt/Endpunkt
Beurener Brückle, 490 m

Höchste Punkte
Rechberger Buch, 767 m
Scheuelberg, 717 m

Anfahrt
GPS 48.7805, 9.9290
Pkw: Von der B 29 Schwäbisch Gmünd–Aalen bei Böbingen oder Mögglingen abfahren und der Landstraße bis Heubach folgen. In Heubach von der Hauptstraße auf die Beurener Straße abbiegen und dieser zum Wanderparkplatz folgen.
Bus & Bahn: Ab dem Bahnhof Schwäbisch Gmünd und ZOB Aalen bestehen Verbindungen zur Haltestelle Marktplatz, Heubach. Der Zuweg erfolgt dann über die Götzenbach- und Scheuelbergstraße.

Einkehr
Naturfreundehaus Himmelreich, an den Wochenenden sowie jeden ersten Mittwoch im Monat ab 8 Uhr, Sommerpause und Dienstplan unter www.naturfreundehaus-himmelreich.com

Beste Jahreszeit
April bis Oktober

Informationen
Stadtverwaltung Heubach, Tel. 07173/18 10, www.heubach.de

Gegenüber dem Rosenstein führt uns die zweite Tour bei Heubach rund um den Nägelberg und Beuren. Nach dem Anstieg zum Rechberger Buch geht es über den Höhenzug bis zum Naturfreundehaus Himmelreich. Von dort nehmen wir den Scheuelberg in Angriff, das Pendant zum Rosenstein.

Das Bargauer Kreuz

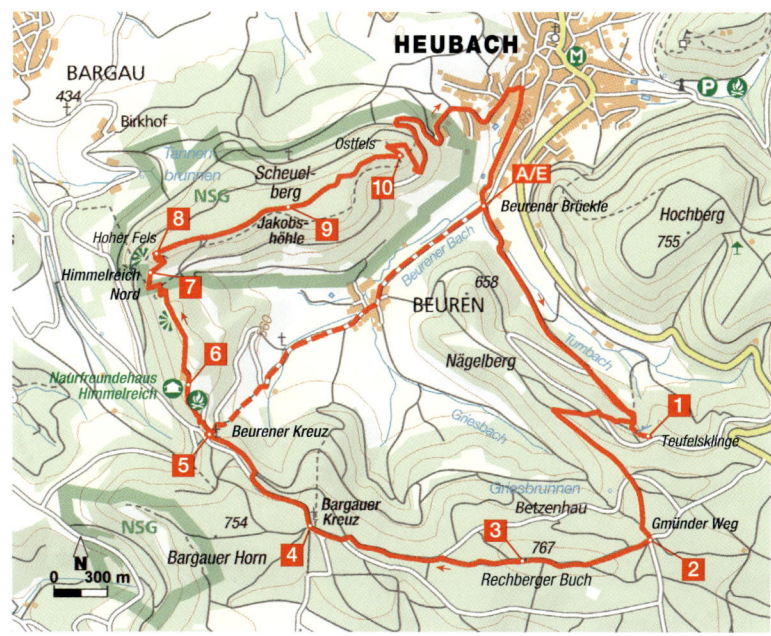

Wo der Teufel rumort Beim Grill- und Wanderparkplatz nahe dem Ⓐ **Beurener Brückle** finden wir eine ganze Reihe an Tourenvorschlägen zum Wandern, Nordic Walking und auch für Mountainbiker. Um eine interessante, doch nicht allzu lange

Runde zu stricken, nutzen wir verschiedene dieser Wege. So eingestimmt, kehren wir dem Beurener Brückle den Rücken und folgen dem mit roter Raute markierten Schotterweg ins Tumbachtal und den nahen Wald. Wo der Wanderweg des Albvereins nach 1500 Metern eine enge Rechtskurve beschreibt, erfolgt in etwa geradeaus der Abstecher zur ❶ **Teufelsklinge** (blauer Winkel). Der Zugang zu der kesselförmigen Schlucht erfolgt wegen häufiger Hangrutsche auf eigene Gefahr, lohnt sich aber insbesondere an heißen

Abgestorbene Bäume sind noch längst nicht tot.

Fränkisch-Schwäbischer Jakobsweg

Der *Fränkisch-Schwäbische Jakobsweg* verbindet Würzburg mit Ulm. Bekannt ist dieser Jakobsweg für seine malerischen Weinhänge im Maintal. Ab Rothenburg geht es durch die Hohenlohe nach Crailsheim und über das Jagst- und Kochertal ins Remstal. Nach dem in unserer Wanderung enthaltenen Aufstieg zum Himmelreich führt der Weg weiter über die Schwäbische Alb bis nach Ulm ins Donautal.

Selbst im Hochsommer bleibt es in der schluchtartigen Einkerbung angenehm frisch.

Sommertagen allein schon der dort kühleren Luft wegen.

Zwei Kreuze und eine Ausstiegsoption Nach dem Abstecher folgen wir der roten Raute sowie der Heubacher Tour Nr. 7 weiter bergan über den engen Waldpfad. Nachdem dieser einen breiten Forstweg gekreuzt hat, sind es noch 200 Meter bis zu einer Linkskehre. Der Weg führt uns somit in südöstlicher Richtung über den Nägelberg bis zum ❷ **Gmünder Weg**. Dort biegen wir rechts ab und folgen dem hier wieder bequem zu wandernden Weg über den ❸ **Rechberger Buch** zum ❹ **Bargauer Kreuz**. Dort treffen wir auf den HW 1 bzw. Albsteig sowie den Fränkisch-Schwäbischen Jakobsweg, auf welchem wir rechts zum ❺ **Beurener Kreuz** wechseln. Wer es bei einer kurzen Runde belassen möchte, kann bei dem Kreuz rechts abbiegen. In dem Fall geht es mit der Markierung »Rote Gabel« direkt hinunter nach Beuren und ab dort entlang der Straße zum Beurener Brückle.

Im Himmelreich Alle anderen laufen geradeaus weiter zum ❻ **Naturfreundehaus Himmelreich**. Der Aufstieg zu dem an den Wochenenden geöffneten Ausflugslokal erfolgt auf dem Albsteig. Da dieser hier recht steil und mit glatten Felsbrocken und Steinen gespickt ist, empfehlen wir bei Nässe, die Zufahrt zu nutzen. Ab dem Naturfreundehaus führt uns der HW 1 weiter in nördlicher Richtung durch den Wald und über eine Lichtung zu einer Rastbank mit Aussicht nach Westen zum Rechberg und, links davon, zum Stuifen. Sowie wir erneut in den Wald eintauchen, halten wir uns bei der nächsten Gabelung links, sodass wir dem HW 1 auf schmalen Pfad sowie über mehrere Kurven an den unteren Waldrand folgen. Kurz vor dem Wegweiser ❼ **Himmelreich Nord** zweigt der Jakobsweg ab.

Auf den Scheuelberg Wir indes bleiben auf dem Albsteig sowie hier auch auf dem

Über einen felsigen
Pfad erfolgt der
Zugang zur Teufels-
klinge.

Remstal-Weg, der uns nun wieder steil bergauf zum ❽ **Hohen Fels** führt. Nach dem Abstecher auf die Felskanzel folgen wir dem gelben Dreieck über wechselnde Pfade auf den ❾ **Scheuelberg**, halten die Augen nach verdächtig aussehenden Pfützen offen und erreichen schließlich den ❿ **Ostfels**. Wer gerne fotografiert und ein Teleobjektiv mit großer Brennweite eingepackt hat, kann sich glücklich schätzen. Denn über Heubach hinweg eröffnet uns der Ostfels freie Sicht auf die sonst nur schwer einsehbare Westfassade der Ruine Rosenstein. Auch ohne entsprechende Ausrüstung werden wir den Ausblick von der Loge sicher gerne auf uns wirken lassen.

Rückweg über Heubach Nun folgen wir der Beschilderung über mehrere Kurven zum Wegweiser Scheuelberg Ost sowie links mit der Tour Nr. 7 an den unteren Waldrand, wo wir rechts abbiegen und über den Wegweiser Heubach West nach Heubach hinunterlaufen. Auf dem Weg in den Ort können wir uns auch wieder an der stilisierten Muschel des Jakobswegs orientieren. In Heubach angekommen, wechseln wir auf die Heubach-Tour Nr. 2, die uns von der Scheuelbergstraße rechts über den Klotzbach führt, bis wir erneut rechts in die Brühlstraße einbiegen. Auf dieser verlassen wir Heubach wieder und gelangen über die Verlängerung der Straße auf den Philosophenweg. Dieser verläuft etwas oberhalb des Bachs und wird von einem künstlichen Wasserlauf begleitet, womit wir nochmals ein paar schöne Eindrücke auf den letzten Metern zum ⓫ **Beurener Brückle** bekommen.

Teufelsklinge und Herrgottstritt

Zusammen mit dem Rosenstein soll der Scheuelberg einst Schauplatz eines überirdischen Kräftemessens gewesen sein. Vom Rosenstein aus wollte der Teufel Christus alle Reichtümer der Welt zu Füßen legen, wenn dieser vor ihm kniete und ihn anbetete. Jesus aber entgegnete: »Hebe Dich hinweg von mir, Satan« und stieß ihn in eine tiefe Schlucht beim Nägelsberg, die wir seitdem als Teufelsklinge kennen. Wer genau hinhört, kann mitunter ein Rumoren hören, wenn der Teufel in seinem unterirdischen Gefängnis tobt und das Wasser zum Überlaufen bringt. Weiter oben soll Jesus zwei Fußabdrücke auf dem Rosenstein und Scheuelberg hinterlassen haben. Das Wasser, das sich in den Tritten sammelte, soll Augen- und Beinleiden gelindert haben. Wo sich diese befinden, ist jedoch nicht mehr auszumachen.

3 Beutental-Rundweg

Lockere Tour beim Wäscherschloss

leicht 7,9 km 175 Hm 2.30–3.00 Std.

Tourencharakter
Der Abstieg durch den Wald bis an den Beutenbach erfordert etwas Trittsicherheit. Ansonsten technisch sehr leichte Runde auf breiten Wegen und wenig befahrenen Straßen.

Ausgangspunkt/Endpunkt
Wanderparkplatz Wäscherschloss, 420 m

Höchster Punkt
Oberkirneck, 450 m

Anfahrt
GPS 48.7673, 9.7079
Pkw: Die Anfahrt erfolgt über die B 297 Göppingen–Lorch, bei Wäschenbeuren auf die Bruckstraße abbiegen, außerhalb vom Ort links zum Wäscherhof abbiegen, der Straße bis zum Wanderparkplatz folgen.
Bus & Bahn: Ab dem Bahnhof Schwäbisch Gmünd und ZOB Göppingen fährt die Buslinie 8 zur Haltestelle Oberkirneck Ortsmitte Kornstraße, Lorch.

Einkehr
Waldcafé Beutental, Di–So ab 12 Uhr geöffnet

Beste Jahreszeit
Ganzjahrestour

Informationen
Stadt Lorch, Tel. 07172/180 10, www.stadt-lorch.de

Das Wäscherschloss steht geschichtlich im Schatten der nahen Ruine Hohenstaufen. Doch hat es das Mittelalter gut überstanden, sodass es heute zu den am besten erhaltenen staufischen Burgen zählt. Unterhalb der Festung beginnt der Beutental-Rundweg. Er führt uns auf einfachen Wegen durch die Landschaft zwischen der Fils und der Rems.

Wäscherschloss Der **Ⓐ Wanderparkplatz Wäscherschloss** trennt uns nur einen Steinwurf vom **❶ Wäscherschloss**. Um die zwischen 1220 und 1250 errichtete Burg rankt sich die Sage von der Schönen Wäscherin, in die sich einst Friedrich Barbarossa verliebt haben soll. Auch wenn es als unwahrscheinlich gilt, dass eine Burg fern des Wassers den Staufern als Wäscherei gedient haben soll, zeigt das Wappen von Wäschenbeuren bis heute eine Wäscherin mit Zuber und Waschbrett. Ein zweite Legende handelt von einem Gefangenen, der auf Bitte des Wärters nach seinem Tod zurückkehrte, um ihm mitzuteilen, wie es im Jenseits aussehe. Hier bleibt offen, wo sich im Wäscherschloss der Kerker befunden haben soll.

Kapelle und Bildstock Auch wenn wir beide Rätsel nicht entschlüsseln können, stimmen sie uns doch schön auf den Rundweg ein. Für diesen passieren wir das Schloss auf seiner Nordseite, um bei der ❷ **Kapelle Wäscherhof** rechts abzubiegen. Der Weg führt uns damit an einem Dinkelfeld vorbei, über das wir hinweg zum 28,5 Meter hohen Wasserturm der Gemeinde Wäschenbeuren blicken. Wir folgen dem Themenweg sowie hier auch dem HW 7 des Albvereins um ein Waldstück bis nahe Lindenbronn. Dort biegen wir links ab, sodass wir 650 Meter weiter zu einem ❸ **Bildstock** kommen.

Das Wäscherschloss wird von einer massiven Umfassungsmauer geschützt.

Oberkirneck und Beutental Rechts ab geht es auf der Wäscherhofstraße über den Golfplatz Hetzenhof bis in den Weiler ❹ **Oberkirneck**, wo wir auf den Remstalweg treffen und erneut rechts in die Kornstraße abbiegen. Nach rund 900 Metern trennen sich die Wege schon wieder: Während der im Mai 2019 eröffnete Fernwanderweg links abbiegt, gehen wir geradeaus weiter in den Wald hinein. Damit verlassen wir die leicht gängigen Wege und Straßen, um nun der Beschilderung über teils ausgewaschene Pfade hinunter ins Beutental zu folgen. Sowie wir den Bach überquert haben, erreichen wir die Talstraße, der wir rechts über den ❺ **Abzweig Beutenhof** an den Gebäuden des Hofs vorbei zur ❻ **Beutenmühle** folgen. Von dort geht es weiter bergan auf der Beutentalstraße zum ❼ **Waldcafé Beutental** und, 300 Meter weiter, ein letztes Mal rechts steil bergan zum ❸ **Wanderparkplatz Wäscherschloss**.

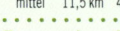 

mittel   11,5 km   400 Hm   3.30–4.30 Std.

Hohenstaufen

Zentrum einer Kaiserdynastie

Tourencharakter

Die Staufer-Runde nutzt ein ganzes Sammelsurium an unterschiedlichen Wegen und Pfaden, die jedoch im Aufstieg zur Hohenstaufen Trittsicherheit sowie Kondition am Berg erfordern.

Ausgangspunkt/Endpunkt

Wanderparkplatz Wäscherschloss, 420 m

Höchster Punkt

Burgruine Hohenstaufen, 684 m

Anfahrt

GPS 48.7673, 9.7079
Auto: Die Anfahrt erfolgt über die B 297 Göppingen–Lorch, bei Wäschenbeuren auf die Bruckstraße abbiegen, außerhalb vom Ort links zum Wäscherhof abbiegen und der Straße bis zum Wanderparkplatz folgen.
Bus & Bahn: Ab Schwäbisch Gmünd und Göppingen bestehen Busverbindungen zur Haltestelle Maitis Stauferweg. Der Einstieg in die Runde erfolgt dann in Maitis.

Einkehr

Berggaststätte Himmel und Erde; Do–Sa ab 12, So ab 10 Uhr, in den Ferien zusätzlich Di und Mi ab 12 Uhr, www.berg-hohenstaufen.de

Beste Jahreszeit

Ganzjahrestour

Informationen

i-Punkt Göppingen, Tel. 07161/ 650 44 44, www.goeppingen.de

Rechte Seite: Blick über die Terrasse und Mauerreste der Hohenstaufen

Eine Stele, einige Schautafeln und wenige erhaltene Festungsmauern zeugen vom einstigen Machtzentrum der Staufer. Dem Adelsgeschlecht entsprangen vom 11. bis 13. Jahrhundert schwäbische Herzöge, römisch-deutsche Könige und selbst Kaiser. Heute ist die Burgruine Hohenstaufen ein beliebtes Ausflugsziel.

Auf dem Löwenpfad Wie der Beutental-Rundweg (Tour Nr. 3) startet auch die Staufer-Runde beim **Ⓐ Wanderparkplatz Wäscherschloss**. Diesmal aber folgen wir dem HW 7 nach Süden in den Wald. Nachdem wir den Manzentalweg und die Beutentalstraße gekreuzt haben, überqueren wir den ❶ **Beutenbach** und folgen der Beschilderung zur ❷ **Kirche** in Maitis. Dort biegen wir rechts in die Gmünder Straße ein, eh sich die Wege 200 Meter weiter trennen: während der HW 7 auf den Stauferweg wechselt, biegen wir mit dem Löwenpfad erst rechts, 150 Meter weiter links zur Ruine Hohenstaufen ab. Damit gelangen wir durch eine Wiese hoch in das bewaldete Tobelbachtal.

Aufstieg zur Hohenstaufen Nachdem der Weg eine Schlaufe beschreibt, geht es nochmals auf eine Wiese mit Sicht nach Wäschenbeuren, dann scharf links weiter auf wechselnden Wegen immer Richtung Hohenstaufen. Wo wir den Waldrand des Burgbergs erreichen, wechseln wir links auf den mit rotem Kreuz markierten Pfad, orientieren uns danach links und kommen zu einem Wegweiser, der unter einem imposanten Schilderwald ächzt. Bei unserer Zählung waren sich sechs der Schilder einig: Der Pfad zu unserer Rechten führt steil hinauf zur ❸ **Burgruine Hohenstaufen**. Für das Studium der Schautafeln und für den Rundgang über das Burggelände sollten wir reichlich Zeit einplanen.

Barbarossakirche und Spielburg Nach dem Burgbesuch verlassen wir den Berg über seine Südseite, sodass wir als Nächstes zur ❹ **Barbarossakirche** im Ort Hohenstaufen kommen. Nachdem wir auch den Geschichtsraum der Hohenstaufen passiert haben, biegen wir rechts in die Beurengasse ein. Auf dieser verlassen wir den mit den Staufern eng verbundenen Ort; der Löwenpfad zweigt links zur

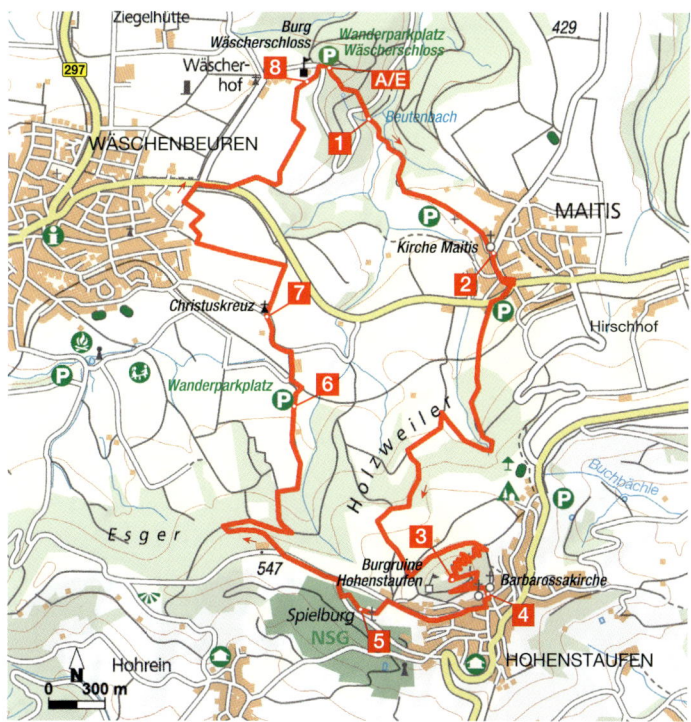

❺ Spielburg ab. Die Passage über das früher als Steinbruch genutzte Gelände erfordert Trittsicherheit. Da es vom Ende des Pfads rechts zurück zum Fahrweg geht, kann man die Spielburg aber auch auslassen. Sobald wir wieder an den Wald kommen, biegen wir rechts ab, und es folgt ein weiterer Abschnitt, bei dem der Löwenpfad einige Male den Weg wechselt. Da diese aber sehr gut gekennzeichnet sind, sollten wir dennoch sicher zum **❻ Wanderparkplatz** finden. Ab dort erfolgt der weitere Rückweg an einem **❼ Christuskreuz** (dort rechts) vorbei an den Ortsrand von Wäschenbeuren sowie über die Wäscherhofstraße hinweg zum **❽ Wäscherschloss** und unserem **Ⓔ Ausgangspunkt**.

5 Hohenrechberg

Aufstieg über den Rittersteig

mittel 3,3 km 180 Hm 1.15–1.45 Std.

Tourencharakter
Der Aufstieg zur Kirche sowie die
Passage nördlich der Hohenrech-
berg erfolgt auf naturbelassenen
Pfaden, die etwas Trittsicherheit er-
fordern, aber gut zu machen sind.

Ausgangspunkt/Endpunkt
Turnhalle in Rechberg, 585 m

Höchster Punkt
Rechberg, 707 m

Anfahrt
GPS 48.7538, 9.7894
Pkw: Ab Schwäbisch Gmünd über
die L 1075 nach Straßdorf, dort
auf die L 1159 Richtung Donzdorf
wechseln und der Straße nach
Rechberg folgen. Im Ort zur Turnhalle in die Hohenstaufenstraße
abbiegen.
Bus & Bahn: Ab dem Bahnhof
Schwäbisch Gmünd fährt die Buslinie 4 zur Haltestelle Rechberg,
Schule.

Einkehr
Haus Rechberg, Burgschänke Hohenrechberg

Beste Jahreszeit
April bis Oktober

Informationen
i-Punkt Schwäbisch Gmünd,
Tel. 07171/60 34 250,
www.schwaebisch-gmuend.de

Die Hohenrechberg zählt zu den wenigen Burgen in Baden-Württemberg, die von Kriegswirren verschont blieben. Auf dem auch als Hausberg von Gmünd bekannten Berg war der Stammsitz der Grafen von Rechberg, welche einst im Dienst der Staufer standen.

Auf dem Rittersteig Im Umfeld der ❹ **Turnhalle** von Rechberg finden wir mehrere Parkplätze, worunter einer auch als »Wanderparkplatz am Wochenende« bekannt ist. Ab dort erfolgen die ersten Schritte in der Hohenstaufenstraße Richtung Ortsmitte, eh wir links in die Graf-Ulrich-Straße abbiegen, um nur einen Katzensprung weiter rechts auf einen Pfad zu wechseln. Wir befinden uns nun auf dem Rittersteig, der uns oberhalb der Häuser zu einem ❶ **Bildstock** führt. Dort biegen wir links ab und gelangen durch einen lichten Wald hindurch zur ❷ **Panorama-rast**, wo eine geschickt nach Osten ausgerichtete Bank samt Tisch zum Verweilen einlädt.

Wallfahrt auf den Rechberg Ab dort erfolgt der weitere Aufstieg in nordwestlicher Richtung an der Gaststätte Haus Rechberg vorbei zur ❸ **Wallfahrtskirche Sankt Maria**. Das 1686 oben auf der Kuppe des Rechbergs erbaute Gotteshaus war früher die Wallfahrtsstätte der Grafen von Rechberg und ist auch gegenwärtig Ziel von Wallfahrten geblieben. Wer nur ein wenig spazieren gehen möchte, gelangt links über den Kreuzweg direkt zur Hohenrechberg. Ansonsten passieren wir die Kirche auf ihrer linken Seite, wo uns bei der ❹ **Panoramatafel** eine weitere Aussicht über das Albvorland erwartet.

Über die Nordseite zur Hohenrechberg Anschließend geht es auf dem Weg rechts von uns in den Wald, wo wir bei der T-Kreuzung links in Richtung Waldstätten abbiegen. Damit führt uns der mit einer liegenden Acht gekennzeichnete Rittersteig auf naturbelassenen Pfaden über eine Kehre bis zum tiefsten Punkt nördlich der Kirche, dann scharf links wieder ansteigend ans Waldeck. Dort öffnet sich die Sicht nach Nordwesten, und wir wechseln links auf den anfangs noch steil ansteigenden Pfad hoch zur ❺ **Burgruine Hohenrechberg**. Der an der Bogenbrücke und der Terrasse der Burgschänke anschließende Vorhof ist über eine Zugbrücke mit der Kernburg verbunden. Für den Besuch der Ruine Hohenrechberg

Rechte Seite: Der Zugang zur Hohenrechberg erfolgt über eine Brücke in den vorderen Hof mit der Burgschänke.

ist eine geringe Gebühr für den Erhalt der Festung zu leisten. Der spätere Rückweg erfolgt über die Zufahrtsstraße, an deren Ende wir die Graf-Ulrich-Straße kreuzen, ehe wir dem Fußweg weiter bergab zur Hohenstaufenstraße und den Parkplätzen bei der **Ⓔ Turnhalle** folgen.

Burgruine Hohenrechberg

Die Hohenrechberg wird auf die erste Hälfte des 13. Jahrhunderts datiert. Sechs Jahrhunderte lang blieb die Festung von Streitigkeiten und Kriegen weitestgehend verschont. Stattdessen schlug am 6. Januar 1865 ein Blitz in die Kernburg ein, die daraufhin völlig ausbrannte.

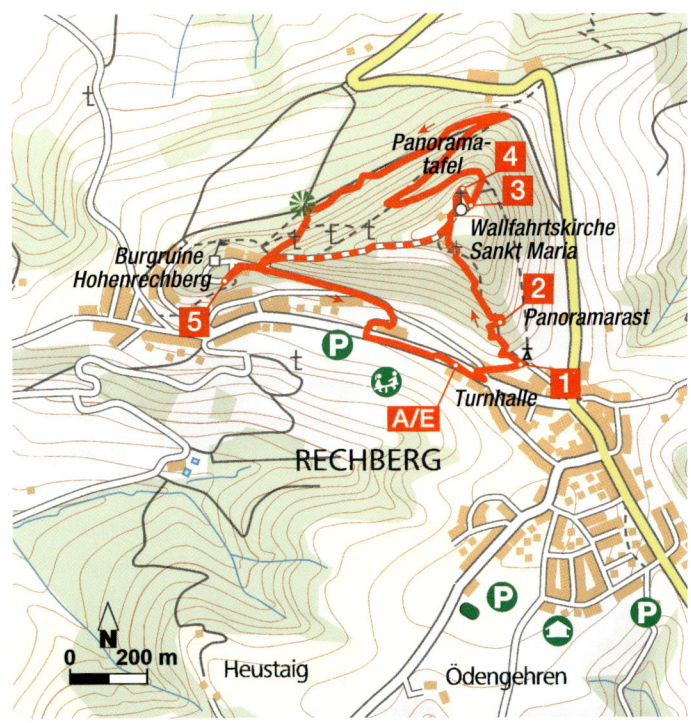

6 Messelberg

Pfade zwischen Rötelstein und Messel

mittel · 7,7 km · 330 Hm · 3.00 Std.

Tourencharakter
Die Wanderung verläuft überwiegend auf naturbelassenen Wegen durch nur wenig bewirtschaftete Wälder am Albtrauf. Zwischen dem Seitzenbach und Wanderparkplatz Schillerhöhe nutzen wir breite Wege, zum Teil entlang der Straße.

Ausgangspunkt/Endpunkt
Parkplatz Messelberg, 680 m

Höchster Punkt
Messelstein, 748 m

Anfahrt
GPS 48.6811, 9.8403
Pkw: Von der B 10 Göppingen–Geislingen an der Steige bei Süßen-Ost abfahren und der Beschilderung nach Donzdorf folgen. Dort von der Hauptstraße auf die Messelbergstraße abbiegen und der Straße bis zum Parkplatz folgen.
Bus & Bahn: ——

Einkehr
Auf der Strecke keine, Die Fliegerhütte beim Flugfeld, Do–Fr ab 15 Uhr, Sa ab 13 Uhr und So ab 10 Uhr, www.fliegergruppe-donzdorf.de/fliegerhuette

Beste Jahreszeit
April bis Oktober

Informationen
Stadtverwaltung Donzdorf, Tel. 07162/92 20, www.donzdorf.de

Die Wanderung am Messelberg besticht mit sagenhaften Ausblicken über die Täler und Dächer von Donzdorf. Bei klarer Sicht ist in der Ferne der nördliche Schwarzwald zu erkennen. Unsere Runde verläuft über Pfade, an deren Rändern Versteinerungen von Ammoniten zu finden sind.

Drachenflieger und Rötelstein Der **Ⓐ Parkplatz Messelberg** ist einer der größten Wanderparkplätze, die wir für die mystischen Pfade nutzen. Die als Löwenpfad eingerichtete Messelberg-Tour und der Schwäbische Alb-Nordrand-Weg sind jedoch nur zwei der Gründe, warum es hier an den Wochenenden wie im Taubenschlag zugeht. Die anderen beiden Gründe sind der Flugplatz der Fliegergruppe Donzdorf und die Drachenflug-Rampe. Um zu Letzterer zu gelangen, verlassen wir den Parkplatz auf seiner westlichen Seite und folgen dem Zuweg zur Messelberg-Tour. Wir wandern im Uhrzeigersinn, orientieren uns also links und kommen auf dem HW 1 bald zur Startrampe für Drachen- und Gleitschirmflieger. Wenige Meter weiter passieren wir die stark eingewachsene ❶ **Michaelskapelle**, halten uns bei der Weggabelung rechts und erreichen dann auch schon den ❷ **Rötelstein**. Auf dem von Bäumen umschlossenen Felsen öff-

Rechte Seite: Beim Messelstein öffnet sich die Sicht über Donzdorf und die Lauter zum Filstal.

Ausblick vom Messelstein zu den Kaiserbergen

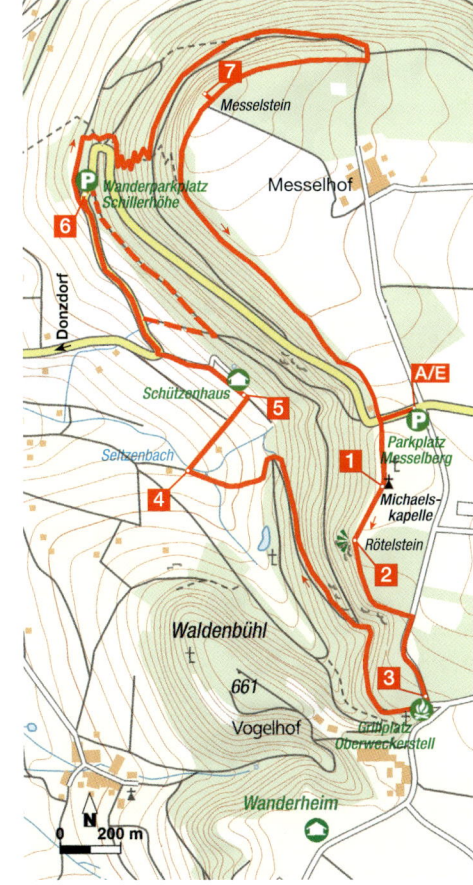

net sich die Sicht über Donzdorf in das Filstal sowie zum Asperg. Rechts gut zu erkennen ist außerdem die Burgruine Hohenstaufen.

Abstieg zum Seitzenbach Nach diesen ersten schönen Eindrücken folgen wir dem Pfad bis zu seiner Einmündung in eine Straße, die uns rechts zum ❸ **Grillplatz Oberweckerstell** führt. Dort trennen sich die Wege: Während der HW 1 als Nächstes Kurs auf Immenreute und Kuchalb nimmt, biegen wir rechts ab. Sowie wir den Grillplatz passiert haben, verjüngt sich der erst noch breite Weg zu einem Waldpfad. Bei der nächsten Gabelung halten wir uns links und folgen den Zeichen des Löwenpfads an den unteren Waldrand, von wo wir auf dem Schinderwasenweg zur tiefsten Stelle der Runde am ❹ **Seitzenbach** gelangen. Noch vor der Brücke biegen wir rechts ab, sodass wir an einer Scheune vorbei wieder bergan laufen, ehe wir dem Wanderweg und der Zufahrt links am ❺ **Schützenhaus** vorbei zur Kreisstraße folgen.

Kurzer Wechsel auf die Kohlöffelrunde Nachdem wir die Kreisstraße umsichtig überquert haben und rechts wenige Meter gelaufen sind, müssen wir uns entscheiden: Wer stur am Löwenpfad festhält, muss die Straße nochmals überqueren. In diesem Fall geht es zunächst auf der Kupfersteige 250 Meter steil bergauf, dann scharf links bei fortan geringem Höhenunterschied durch den Wald erneut an die Kreisstraße, die wir ein drittes Mal kreuzen müssten. Da es auf diesem Abschnitt nicht sonderlich viel zu sehen gibt, empfehlen wir, stattdessen auf dem Fußweg zu bleiben und auf der Kohlöffelrunde direkt zum ❻ **Wanderparkplatz Schillerhöhe** zu laufen. Für die gesparte Zeit können wir uns gerne damit befassen, warum der Kohlöffel bei der Donzdorfer Fasnet nicht fehlen darf.

Aufstieg zum Messelstein Beim Wanderparkplatz Schillerhöhe wechseln wir zurück auf die Messelberg-Tour. Damit folgen wir dem breiten Waldweg zunächst 200 Meter nach Norden, um dann rechts auf den Treppenweg abzubiegen. Nachdem wir die Kreisstraße tangiert und einen anderen Weg gekreuzt haben, wird die Steigung durch mehrere Kehren entschärft. Schließlich haben wir beim Wegweiser »Unterer Messelberg« erneut die Wahl: Geradeaus ginge es über weitere Kehren mit der Kohlöffelrunde auf den Albtrauf. Um den Messelstein mitzunehmen, biegen wir indes links ab. Die Messelberg-Tour führt uns somit in einem weiten Rechtsbogen am Fuß des Messelsteins vorbei. Wo wir auf den HW 1 treffen, biegen wir zweimal rechts ab und wandern auf dem Albsteig zum ❼ **Messelstein**. Nachdem wir das

Kreuz der Kolpingsfamilie Donzdorf (links), alter Wegweiser mit noch jungen Themenwegen (rechts)

herrliche Panorama über das Lautertal und das Filstal bis zu den Drei Kaiserbergen bis hin zum Kalten Feld genossen haben, passieren wir das Kreuz der Kolpingsfamilie von Donzdorf. Etwas weiter trifft die Kohlöffelrunde wieder auf unseren Weg, dem wir auf dem letzten kurzen Abschnitt am Rand der Hochfläche zurück zum **E Wanderparkplatz Messelberg** folgen.

So sieht ein schickes Insektenhotel aus.

Die Sage vom Kohlöffel

Als Donzdorf noch ein kleines Dorf war, gerade groß genug, um sich einen Gemeinderat samt Schultheißen zu leisten, diente das Rathaus auch als Unterkunft für all jene, die mit dem Gesetz in Konflikt geraten waren. Die Gefangenen gebührend zu versorgen, zählte zu den Aufgaben des Amtsknechtes. Doch einer unter ihnen war nur auf den eigenen Vorteil bedacht. Er reichte den Gefangenen zu wenig oder verdorbenes Essen und steckte den größten Batzen des Geldes, das ihm die Gemeinde zur Verpflegung der Gefangenen anvertraut hatte, lieber in die eigene Tasche. Die Strafe folgte nach seinem Ableben. Weil sein unsteter Geist keine Ruhe fand, musste er Nacht für Nacht mit einem Kohlöffel (Kochlöffel) in seiner Hand ums Rathaus herumschleichen. Weil er dabei stets an dem mit einem Löwenwappen verzierten Löffel leckte, nannten ihn die Donzdorfer Schlecklöffel. Später führte dies in den umliegenden Dörfern dazu, dass die Donzdorfer von ihnen als Kohlöffel verspottet wurden.

Eine zweite Legende stammt aus der Zeit, als die Donzdorfer Leibeigene der Grafen von Rechberg und Rothenlöwen waren. Zu jener Zeit war es den Töchtern bessergestellter Familien erlaubt, in der Schlossküche das Kochen zu erlernen. Um sie vom niederen Gesinde unterscheiden zu können, bekamen sie einen Kohlöffel. Heute ist der Kohlöffel Teil des Häs der Donzdorfer Fleckle (*Häs* = Narrengewand; *Donzdorfer Fleckle* = die Donzdorfer Narrenzunft, *Fleckle* = Narrengewand aus Stoffflecken).

Mittlere Kuppenalb von Geislingen an der Steige bis Lichtenstein

Sagenhafter Ausblick über den Hausener Felsen ins Filstal (oben links). Prachtexemplar einer Türkenbundlilie (oben rechts). Fachwerkhöfe im Freilichtmuseum Beuren (unten links). Schloss Lichtenstein (unten rechts).

7 Felsenrunde bei Bad Überkingen

Geologisches Fenster Hausener Wand

mittel | 13,5 km | 470 Hm | 4.30–5.00 Std.

Tourencharakter
Für die Runde sind Trittsicherheit und Kondition am Berg erforderlich. Bei Nässe besteht im Bereich der Hausener Wand erhöhtes Ausrutschrisiko. Mit der einfachen Variante lässt sich die Tour deutlich entschärfen.

Ausgangspunkt/Endpunkt
Wanderparkplatz Oberböhringen, 720 m

Höchster Punkt
Sendemast, ca. 750 m

Anfahrt
GPS 48.6163, 9.7828
Pkw: Die Anfahrt erfolgt über die B 10 Göppingen–Geislingen (Steige). In Geislingen auf die Oberböhringer Straße abbiegen und der Straße zum Wanderparkplatz am Ortsrand folgen.
Bus & Bahn: Ab VOB Geislingen mit dem Rubus 541 nach Oberböhringen, Anmeldung eine Stunde vor Abfahrt unter Tel. 07331/644 44

Einkehr
Restaurant19 beim Golfplatz, Gasthaus Hirsch, auf der Strecke sonst keine

Beste Jahreszeit
April bis Ende Oktober

Informationen
i-Punkt Geislingen, Tel. 07331/242 79, www.geislingen.de

Die Hausener Wand erhebt sich gegenüber dem Talgrund um rund 250 Meter. Ihre Entstehung wird auf einen Erdrutsch – vermutlich zum Ende der letzten Eiszeit – zurückgeführt. Weil dieser die Schichtenfolge von Kalksteinen und Mergel offenlegt, ist die Felswand auch als geologisches Fenster bekannt.

Einstieg in Oberböhringen Die Felsenrunde gehört zu den Löwenpfaden im Landkreis Göppingen, was bedeutet: Wir können uns auf eine verlässliche Beschilderung freuen. Allerdings befindet sich beim offiziellen Startpunkt weder ein Parkplatz noch eine Haltestelle, weshalb ein Zuweg vom Thermalbad in Bad Überkingen eingerichtet wurde. Um dies zu umgehen – und den Aufstieg gleich zu Beginn zu sparen – empfehlen wir, in Oberböhringen in die Runde einzusteigen. Der Startpunkt befindet sich damit entweder beim **Ⓐ Wanderparkplatz** am östlichen Ortsrand oder aber bei der Rufbus-Haltestelle nahe der zentralen Kreuzung in **❶ Oberböhringen**.

Kaiserlicher Ausblick beim Ramsfelsen Je nachdem, von welcher Seite wir kommen, biegen wir links oder rechts in die Von-Kraft-Straße ab, verlassen den Ort und halten uns beim Golfplatz links. Vorbei am Clubhaus mit dem Restaurant erreichen wir bald den Waldrand, wo wir uns rechts

Rechte Seite: Im Bereich der Hausener Wand können wir uns über eine Vielzahl herrlicher Ausblicke freuen.

Einfach obendrauf gesetzt: der Ausblick beim Dreimännersitz.

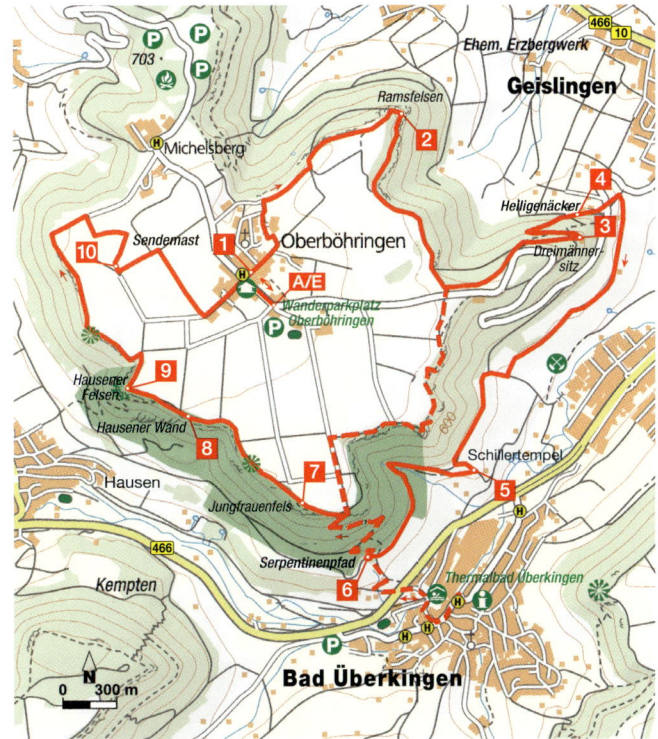

orientieren und dem Wandweg zwischen dem Golfplatz und dem Hangwald am Sandlagerplatz vorbei zum ❷ **Ramsfelsen** folgen. Dort öffnet sich die Sicht über das Filstal und Kuchen zur Albhochfläche mit dem Hohenstein an der Westkante sowie über Gingen und Donzdorf hinweg zum Rechberg und, ein gutes Stück weiter links, Hohenstaufen.

Für Absteiger und Abkürzer Vom nördlichsten Punkt der Runde folgen wir dem Löwenpfad in nun südlicher Richtung erst durch den Wald, dann um den Golfplatz herum bis nahe der Kreisstraße. Dort haben wir die Wahl: Wer die Tour entschärfen möchte, kann einfach die Straße kreuzen und der Markierung »Rote Raute« geradeaus direkt zum Jungfraufels folgen. Alle anderen biegen noch vor der Straße links

Jungfraufels

Der Name der Felsformation ist einer Sage entsprungen. Diese handelt von einer wunderschönen Jungfrau, die von einem Jäger verfolgt wurde. Erschöpft und außerstande, ihre Flucht fortzusetzen, erreichte sie einen Felsen, bei dem das Gelände fast rundherum steil abfiel. In ihrer Verzweiflung wollte sie lieber sterben als ihrem Verfolger in die Hände zu fallen. Mit letzter Kraft sprang sie über die Kante und verschwand in der Tiefe. In der Überzeugung, dass sie den Sprung nicht überlebt haben konnte, zog der Jäger von dannen. Doch die Jungfrau hatte überlebt, wobei es heißt, ein Alblöwe habe sie unterhalb des Felsens aufgefangen und vor jedwedem Unheil bewahrt.

ab und folgen dem Löwenpfad hinunter zum 800 Meter entfernten ❸ **Dreimännersitz** und der Rasthütte mit aufgesetztem Ausguck. Während wir den Blick über den städtisch geprägten Talgrund zum Ostlandkreuz und der Burgruine Helfenstein schweifen lassen, hilft ein Panoramabild, den Anwandfels, den Bismarckfels und weitere markante Punkte zielsicher zu bestimmen. Weiter geht es durch den Wald sowie über eine Kehre hinunter zu den ❹ **Heiligenäcker**, wo wir mit der gleichnamigen Bushaltestelle eine weitere Einstiegsmöglichkeit finden.

Zwischen den Dingen Sowie wir die Kreisstraße umsichtig überquert haben, biegen wir gut 100 Meter weiter beim Wegweiser Abzweig Geislingen-West rechts ab. Der nächste Abschnitt führt uns damit durch den mit Gärten und (Obst-)Wiesen, Hecken und Baumreihen reich gegliederten Streifen zwischen der Hochfläche und Geislingen. Wo der Weg nach rund 1300 Metern endet, halten wir uns rechts, sodass wir wieder ein Stück weit nach oben in den Wald hineingehen. Nach weiteren 700 Metern kommen wir zu einer T-Kreuzung. Geradeaus wäre es möglich abzukürzen. Um auf der Felsentour zu bleiben, müssen wir indes links abbiegen, womit wir – nun wieder bergab – als Nächstes Kurs auf den ❺ **Schillertempel** nehmen. Der kleine

Blick entlang der als »geologisches Fenster« bekannten Hausener Wand

Tempel stand ursprünglich in Stuttgart, wurde aber 100 Jahre nach dem Tod Schillers durch Überkinger Zimmerleute abgebaut und auf der Anhöhe nordöstlich von Bad Überkingen wieder zusammengesetzt.

Entlang der Hausener Wand Von dem idyllisch gelegenen Kleinod führt uns der Löwenpfad rechts zurück in den Wald, dann in südlicher Richtung am Ende der zuvor genannten Abkürzung vorbei ans untere Ende des ❻ **Serpentinenpfads**. Links ginge es auf dem Zuweg zum Thermalbad, rechts folgen wir der Beschilderung über einige Kehren zum ❼ **Jungfraufels**. Bei dem legendären Felsen werden wir gerne innehalten und den Blick einige Male über das tief unter uns liegende Filstal zu den umliegenden Höhen sowie auch zu den offenen Felsen rechts von uns schweifen lassen. Sowie wir uns von der Kulisse losreißen können, folgen wir dem Wanderweg oberhalb der ❽ **Hausener Wand** an mehreren weiteren Aussichtskanzeln vorbei zum ❾ **Hausener Felsen**.

Für Geißen und Landschaftsgenießer Für trittsichere Wanderer ist der Felsen zugänglich. Ansonsten kann man sich den Hausener Felsen auch vom Rastplatz aus sicherer Entfernung anschauen. Ein kurzes Stück weiter führen dann zwei Trampelpfade zu einer weiteren, stark zerklüfteten Felsformation. Die nach unten führenden Pfade sind den Kletterfreunden vorbehalten, die oberen Bereiche der Felsen aber auch von geübten und trittsicheren Wanderern erreichbar. Der letzte Abschnitt der Runde führt uns anschließend an das nordwestliche Eck der Hochfläche, von wo wir der Beschilderung auf wechselnden Wegen am ❿ **Sendemast** vorbei zurück nach Ⓔ **Oberböhringen** folgen.

Zerklüftete Felsenlandschaft nahe der Hausener Wand (links), der Schillertempel wurde aus der Landeshauptstadt hierher verfrachtet (rechts).

8 Ostlandkreuz von Geislingen

Tausche Höhenmeter gegen Tiroler Fels

mittel 4,8 km 100 Hm 1.30 Std.

Tourencharakter
Die Abstecher zu den Felsen erfordern Umsicht und Trittsicherheit. Ansonsten technisch eher leichte Runde auf bequem zu wandernden Pfaden sowie auf breiten landwirtschaftlichen Wegen.

Ausgangspunkt/Endpunkt
Parkplatz Schildwacht, 645

Höchster Punkt
Ostlandkreuz, 670 m

Anfahrt
GPS 48.6116, 9.8267
Pkw: Die Anfahrt erfolgt über die B 10 Göppingen–Geislingen (Steige). In Geislingen auf die Karlstraße (L 1230) nach Türkheim abbiegen, nach ca. 3 km von der Landstraße abfahren und der Beschilderung zum Parkplatz P1 folgen.
Bus & Bahn: Es bestehen Zugverbindungen zum Bahnhof Geislingen (Steige). Ab dort ist der Zuweg als Ostlandkreuz-Runde beschildert.

Einkehr
Geiselsteinhaus, Sa ab 14, So und feiertags ab 9 Uhr, www.tg-geislingen.de

Beste Jahreszeit
April bis Ende Oktober

Informationen
i-Punkt Geislingen, Tel. 07331/242 79, www.geislingen.de

Ab dem Bahnhof von Geislingen ist die Ostlandkreuz-Runde mit einem stilisiertem Kreuzsymbol ausgeschildert. Da wir den Ort auch bei der Wanderung zur Burg Helfenstein (Tour Nr. 9) kennenlernen, starten wir jedoch oben auf dem Albtrauf. Die Tour wird so zu einer gemütlichen Runde, bei der dann auch ein Abstecher auf den Tiroler Fels möglich ist.

Ostlandkreuz Wir empfehlen, die Runde im Uhrzeigersinn zu gehen. So liegen alle Passagen mit technischen Anforderungen hinter uns, wenn wir das Geiselsteinhaus erreichen und uns von dort nur ein leichter Spaziergang von unserem Ausgangspunkt trennt. Sowie wir uns versichert haben, dass keine Wertsachen offen im Wagen liegen, folgen wir dem zunächst breiten Weg vom ❹ **Parkplatz Schildwacht** durch den Wald und über die offene Fläche der ❶ **Schildwacht** zum ❷ **Ostlandkreuz**. Mit dem 1950 aufgestellten Kreuz soll an die Leiden der Deutschen erinnert werden, die nach dem Zweiten Weltkrieg aus ihrer Heimat in Böh-

men und Mähren vertrieben wurden. 1992 und 2003 wurde das 22,7 Meter hohe, weithin sichtbare Wahrzeichen Geislingens erneuert und mit einer Lichtanlage ausgestattet. An der Traufkante hinter dem Kreuz hilft eine Panoramatafel, sich einen Überblick über die »Fünf-Täler- Stadt« zu verschaffen.

Bereits beim Ausgangspunkt eröffnet uns die Schildwacht eine weite Sicht über Geislingen zum gegenüberliegenden Albtrauf.

Besser auf der Höhe bleiben Sowie wir kehrtmachen und links an den Waldrand gehen, trennen sich die Wege: Für die offizielle Ostlandkreuz-Runde müssten wir uns bei der Gabelung links halten. Wer dies tut, marschiert zunächst eine ganze Weile steil bergab durch den Wald, dann durch wenig attraktive Wohnstraßen – und muss nach einer Runde durch Geislingen alles wieder hinaufsteigen. Besser also, wir halten uns rechts. Damit wechseln wir auf die beiden Löwenpfade »Filstalgucker« und »Steigen-Tour«. Auch dieser Weg führt durch den Wald, fällt entlang der Traufkante allerdings nur sachte ab, bis wir nach einem Kilometer wieder auf die von links durch einen Hohlweg kommende Ostlandkreuz-Runde treffen.

Der Graf vom Geiselstein Bei dem Wegkreuz halten wir uns schräg links und erreichen 400 Meter weiter den Zugang auf den ❸ **Geiselstein**. Auf dem Felsen, der uns die Sicht über das Rohrachtal öffnet,

Zustieg ab Geislingen
. . . .
Der Zustieg bzw. die offizielle Ostlandkreuz-Runde führt vom Bahnhof durch den Stadtpark und am Kornschreiberhaus vorbei in die Fußgängerzone. Beim Forellenbrunnen biegt man erst rechts, dann links zur Kirche ab. Nach einem Abschnitt am Rohrbach biegen wir nach der Stadtbücherei rechts ab, kreuzen die Gartenstraße und folgen der Beschilderung durch die List- und Bleichstraße sowie über einen Treppenweg zur Alten Türkheimer Straße, die hoch zum Geiselstein führt.

soll einst ein Graf gewohnt haben. Nachdem seine geliebte Frau einen frühen Tod starb, habe dieser keine Freude mehr an seinem Leben verspürt und soll seine beiden Söhne nicht mehr aus den Augen gelassen haben. Als ihn der Herzog zur Jagd einlud, konnte der Graf dessen Bitte allerdings nicht ausschlagen, auch wenn er daran ohne Herz teilnahm. Wie recht er hatte! Denn die beiden Jungen hielt es nicht im Schloss, sondern zog es hinunter an einen Weiher, wo sie in einen Kahn stiegen und auf das Wasser ruderten. Im Spiel sahen sie nicht, wie sich der Himmel über ihren Köpfen verfinsterte. Als schließlich ein schweres Gewitter mit Sturm und Hagel niederging, waren die Knaben den Naturgewalten schutzlos ausgeliefert. Der Graf spürte die Gefahr, verließ die Jagdgesellschaft und eilte zurück zum Schloss. Seine Jungs freilich konnte er nirgends finden. Erst als er auf einen Felsen eilte, von dem er das Tal überblicken konnte, sah er weit unter sich den Kahn mit den Jungen im brodelnden Wasser versinken, begleitet von einem gellenden Schrei, der ihn zu Stein erstarren ließ; so berichtet es die von Gustav Hohbach überlieferte Volkssage. Heute finden wir eine offene Schutzhütte oberhalb des schroffen Felsens.

Tiroler Felsen Nach dem Abstecher auf den Geiselstein kehren wir zurück auf den Wanderweg und haben wenige Schritte weiter links die Wahl: Rechts führen mehrere Pfade hoch auf die weitläufige Spielwiese und hoch auf den Rastplatz beim Geiselsteinhaus. Da es nicht allzu weit ist, können wir uns aber gerne zuvor den Abstecher zum ❹ **Tiroler Fels** gönnen. Dafür folgen wir den Wegmarkierungen der Steigen-Tour über den zunächst leicht ansteigenden, dann wieder abfallenden Pfad entlang des Traufs. Wenige Schritte von einem mit Rastbank ausstaffiertem Ausguck haben wir den markanten Felsen dann auch schon erreicht, der uns eine weitere schöne Aussicht über das Rohrachtal beziehungsweise den Geislinger Grand Canyon eröffnet.

Beim Tiroler Fels lassen wir den Blick über den Geislinger Grand Canyon schweifen.

Über die Hochfläche zum Bodenfels Auf selbem Weg geht es wieder zurück zum Wegweiser oberhalb des Geiselsteins und, aus dieser Richtung, nun links zum **❺ Geiselsteinhaus**, wo wir uns an den Wochenenden über eine schön gelegene

Felsiger Zugang auf den Geiselstein

Einkehrmöglichkeit freuen können. Andernfalls passieren wir das Spielfeld und biegen beim Parkplatz rechts ab. Der letzte Abschnitt führt uns damit über die von Feldern geprägte Hochfläche, auf der wir nach 350 Metern links abbiegen. Gut einen halben Kilometer weiter erreichen wir wieder den Albtrauf, wo wir dann rechts beim **❻ Bodenfels** nochmals den Blick über das Filstal bis zum Hohenstaufen schweifen lassen können, bis wir die letzten Schritte zurück zum **Ⓔ Parkplatz Schildwacht** nehmen.

9 Burgruine Helfenstein

Aussichten über die Fünf-Täler-Stadt

mittel · 4,5 km · 210 Hm · 1.30 Std.

Tourencharakter
Sowohl der Auf- als auch Abstieg sind relativ steil und erfordern festes Schuhwerk. Auf der Burg führen Treppen und luftige Brücken zu den schönsten Aussichten.

Ausgangspunkt/Endpunkt
Bahnhof Geislingen, 470 m
Höchster Punkt
nahe Ödenturm, ca. 645 m

Anfahrt
GPS 48.7467, 9.8414379
Pkw: Die Anfahrt nach Geislingen an der Steige erfolgt über die B 10 Stuttgart–Ulm oder von der A 8, über die B 466. Im Ort auf die Bahnhofsstraße zum Bahnhof und P+R-Parkplatz abbiegen. Weitere Parkmöglichkeiten bestehen bei der Jahnhalle und in der Parkstraße.
Bus & Bahn: Es bestehen einige Zugverbindungen zum Bahnhof Geislingen (Steige).

Einkehr
Burgschänke Helfenstein, Sa und So ab 9 Uhr; in Geislingen

Beste Jahreszeit
März bis Ende Oktober

Informationen
i-Punkt Geislingen, Tel. 07331/ 242 79, www.geislingen.de

Diese Wanderung verbindet mit der Burgruine Helfenstein und dem Ödenturm zwei herrliche Aussichtspunkte über Geislingen. Dabei lohnt sich schon beim Start ein Blick hoch zum Burgfried: Denn ist dort die Fahne der Burg Helfenstein gehisst, dann ist auch die Burgschenke geöffnet.

Schilderwald an der Steige Beim ⓐ **Bahnhof** von Geislingen nutzen wir zunächst die Überführung auf die andere Seite der Gleise. Dort werden wir feststellen, wie beliebt Themenwege sein können. Wo uns früher einzig die Symbole des Schwäbischen Albvereins die Richtung wiesen, gibt es wir heute zumindest drei Themenwege und den Göppinger Löwenpfad Steigen-Tour, ergänzt durch einen Zuweg zu einem weiteren Löwenpfad. Was gut gemeint ist, sorgt bei manch einem Wanderer für Verwirrung. So ist die Burgruine Helfenstein an drei der Schilder genannt: Die beiden hellblauen stammen vom Kreis und der Gemeinde, das gelbe vom Albverein. Doch alles halb so wild: Unsere Tour entspricht der

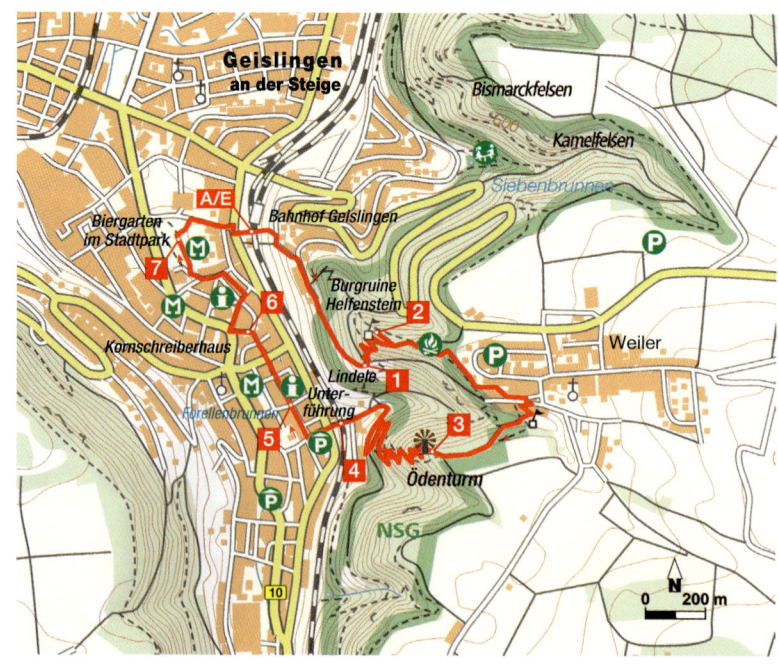

Helfenstein-Runde, die mit einem Burgensymbol sowie einem gelben Ring durchgehend klar gekennzeichnet ist.

Aussicht vom Ödenturm auf die Burg Helfenstein, dem Wahrzeichen von Geislingen

Alte Weilersteige Wir biegen also rechts ab, treffen damit auf die Alte Weilersteige und gehen in der scharfen Linkskurve geradeaus, sodass wir über die Verlängerung der Sackgasse in den Wald gelangen. Wir können es langsam angehen lassen. Während wir auf der Alten Weilersteige rasch an Höhe gewinnen, laden am Wegrand Bänke zum Verschnaufen ein. Daneben informieren Schautafeln über die Schichten und Schichtgrenzen im Weißen Jura, den Oxfordmergel und die Oxfordkalke sowie einen vorzeitlichen Bergsturz. Wo die Alte Weilersteige eine weite Linkskurve beschreibt, erwartet uns beim ❶ **Lindele** eine erste schöne Aussicht über das Rohrachtal zum Gegenhang mit dem Ostlandkreuz. Wenige Schritte weiter wechseln wir links auf den deutlich schmaleren Pfad hoch zur ❷ **Burgruine Helfenstein**.

Geschichte der Burg Helfenstein Unser Zugang in die Burg erfolgt über die Südwestseite und eine teils gedeckte Treppe hoch zur äußeren Festungsmauer mit mehreren Rondellen. Die Bauzeit wird um das Jahr 1100 datiert, als auch die Grafen von Helfenstein erstmals urkundlich in Erscheinung traten. Während der Ära der Stauferkaiser gewannen die Helfensteiner

Perle im Bergeskranz
....

Der Titel des Geislinger Heimatliedes unterstreicht bereits die besondere Lage der Fünf-Täler-Stadt, die von den Höhen der Schwäbischen Alb fast rundherum umschlossen ist. Zu den fünf Tälern zählen das Obere und Untere Filstal, das Rohrachtal, das Eybachtal und das Längental.

rasch an Einfluss und konnten ihre Besitzungen bis Mitte des 14. Jahrhunderts von Geislingen über Heidenheim, Blaubeuren und Wiesensteig ausdehnen. Ende des 14. Jahrhunderts ging die Grafschaft an die Ulmer und Württemberger über. Nachdem die Ulmer die Festung nach dem Aufkommen der Feuerwaffen um 1400 verstärkt und weiträumig ausgebaut hatten, fiel die Burg 1552 im Markgrafenkrieg ohne Belagerung an den Markgrafen von Brandenburg-Kulmbach. Nur wenige Tage später gelang es den Ulmer Truppen, die Helfenstein nach Beschuss mit schweren Steinkugeln zurückzuerobern, bis sie ihre eigene Burg schleiften; dabei verbliebene Teile wurden 1760 beseitigt.

Auferstehung als Ausflugsziel Den heute wieder guten Zustand der Burgruine gingen Jahrzehnte andauernde Anstrengungen voraus. So lag die Burg Anfang der 1930er-Jahre im Wald verborgen, und es ragten nur wenige Fundamente und Mauerreste aus dem Boden. 1932 bis 1937 wurde der Wald zurückgedrängt, die Grundmauern freigelegt und teilweise wieder aufgebaut. In der Folge wurden einige Teile der Festung restauriert, wieder aufgebaut und gesichert. Dadurch ist die Burg heute wieder der Öffentlichkeit als beliebtes Ausflugsziel zugänglich, und wir können hier gut und gerne einige Zeit verbringen. So eröffnet uns der Burgfried eine herrliche Sicht über die Altstadt von Geislingen zum Ostlandkreuz und zu den umliegenden

Unter der Woche geht es ruhig auf der Helfenstein zu. Wenn die Schänke geöffnet ist, wird die Fahne gehisst.

Höhen sowie – an klaren Tagen – bis zum Schwäbischen Wald. Auch lässt es sich auf der weitläufigen Terrasse der Burgschänke gut eine Weile aushalten.

Ödenturm Anschließend verlassen wir die Helfenstein über die südöstliche Seite und erreichen wenige Hundert Meter Weiler ob Helfenstein, wo wir vom Ödenturmweg rechts zum noch 500 Meter entfernten ❸ **Ödenturm** abbiegen. Die unmittelbare Nachbarschaft zur Helfenstein hat ihre Berechtigung: um 1420 wurde der Ödenturm zum Schutz der Burg vor Kanonenbeschuss errichtet. Entsprechend dick sind die Grundmauern des gut 33 Meter hohen Turms. Ursprünglich befand sich der Eingang neun Meter über dem Boden, sodass der Turm nur über eine einziehbare Leiter und daran anschließender Außentreppe zugänglich war. Der heutige Eingang wurde nach der Schleifung der Helfenstein durch die zweieinhalb Meter mächtige Grundmauer des Turmsockels gebrochen. Ab 1555 diente der Ödenturm dazu, bei Feuer Alarm zu schlagen. Allerdings brannte der Ödenturm durch Blitzeinschläge selbst fünfmal aus. Seine heutige Gestalt erhielt er nach dem letzten großen Brand im Januar 1921. Der Turm ist von Mai bis Oktober jeweils sonntags zwischen 10 und 17 Uhr geöffnet. Ansonsten bietet der Platz unterhalb des Turms eine schöne Sicht über die »Teufelsklinge« zur Burg.

Museum im Alten Bau

Der Alte Bau entstand um 1445 und war damals der Kornspeicher der Stadt. Seit 1919 beherbergt das imposante Fachwerkhaus die Museumssammlung des Kunst- und Geschichtsvereins Geislingen. Außerdem werden in der Städtischen Galerie im Alten Bau zeitgenössische Kunstwerke ausgestellt. Neben den jährlichen fünf Kunstausstellungen findet hier in der Adventszeit die traditionelle Weihnachtsausstellung statt. Das Museum ist von Mai bis Anfang November von Di. bis So. zwischen 15 und 17 Uhr geöffnet.

Entdeckungen in Geislingen Der spätere Abstieg erfolgt auf der Westseite des Turms über einige Serpentinen bis hinunter auf einen breiten Weg. Dort biegen wir scharf rechts ab, eh der Weg bei den ersten Häusern von Geislingen in die Brunnensteige übergeht und wir erst die ❹ **Unterführung** der Bahnlinie nutzen, dann die Helfensteinstraße kreuzen. Nach wenigen Schritten in der Rosenstraße biegen wir rechts in die Hauptstraße ab, wo wir in der Fußgängerzone zum ❺ **Forellenbrunnen** kommen. Nachdem wir am Ende der Hauptstraße erst die Karlstraße, dann die Ledergasse überquert haben, verdient das ❻ **Kornschreiberhaus** unsere Aufmerksamkeit. 1397 über einem noch älteren Gewölbekeller errichtet, gilt es als das älteste Gebäude der Stadt sowie des Landreises Göppingen. Nachdem es sich Ende der 1980er-Jahre in einem baulich desolaten Zustand befand, wurde es 1990/91 systematisch abgetragen und unter Verwendung der alten Hölzer wieder in den Originalzustand versetzt. Das deutlich größere Fachwerkgebäude schräg gegenüber beherbergt das Museum im Alten Bau. Unser Weg führt uns zwischen beiden Gebäuden hindurch zur Schulstraße, wo wir erst rechts, dann wieder links in die Moltkestraße abbiegen. Wo diese in die Steingrubestraße endet, gelangen wir links zur Jahnhalle und in den Stadtpark, wo wir mit dem ❼ **Biergarten** im Stadtpark eine schöne Gelegenheit bekommen, die kurze und kurzweilige Runde nachklingen zu lassen. Die letzten Meter zum ⓔ **Bahnhof** erfolgen schließlich rechts durch die Parkstraße.

10

Ave-Weg Deggingen

Kleine Wallfahrt am Filser Albtrauf

mittel   9 km   340 Hm   2.45–3.15 Std.

Tourencharakter
Nach dem ersten steilen Anstieg zwischen der Kirche und dem Albtrauf bequem zu wandernde, überwiegend schattige Pfade mit reizvollen Aussichten.

Ausgangspunkt/Endpunkt
Kirche Ave Maria, 680 m

Höchster Punkt
Albtrauf östl. Buschelkapelle, bis 740 m

Anfahrt
GPS 48.5950, 9.7386
Pkw: Von der A 8 Stuttgart–Ulm bei Mühlhausen im Täle abfahren, weiter auf der B 466 nach Deggingen, dort rechts in die Bahnhofstraße, dann links in die Mühlstraße abbiegen und anschließend halbrechts in den Ave-Maria-Weg abzweigen.
Bus & Bahn: Ab ZOB Göppingen und Geislingen (Steige) bestehen Busverbindungen zur Haltestelle Abzw. Ave Maria, Deggingen. Der Zuweg ist ausgeschildert.

Einkehr
Auf der Strecke keine, aber schöne Rastmöglichkeiten

Beste Jahreszeit
April bis Oktober

Informationen
Erlebnisregion Schwäbischer Albtrauf, Tel. 07334/96 01 80, www.erlebnisregion-schwäbischer-albtrauf.de

Der als Löwenpfad ausgewiesene Wanderweg verbindet ein Kleinod des deutschen Spätbarock mit naturbelassenen Pfaden und traumhaften Aussichten über das obere Filstal. Da wir uns weitgehend im Wald bewegen, ist die Runde auch an hochsommerlichen Tagen gut machbar.

Kapelle Alt Ave und Kilians-Kreuz Nachdem wir eine ganze Weile bei und in der ♠ **Kirche Ave Maria** verbringen können, gehen wir um die Kirche herum und folgen dem Franziskuspfad an der Franziskusgrotte und Lourdesgrotte vorbei zur ❶ **Kapelle Alt Ave**. Etwas oberhalb davon steht das Franziskuskreuz. Für unsere Wanderung orientieren wir uns indes links und folgen dem weiter ansteigenden Waldpfad in nördlicher Richtung. Bei der Gabelung sowie am Ende des Pfads – am Rand der Albhochfläche – biegen wir rechts ab und erreichen beim ❷ **Kilianskreuz** einen ersten schönen Ausblick über das Filstal.

Buschelkapelle und zwei Geliehene Ab dem Kreuz führt uns der Ave-Weg immer entlang der Traufkante zur ❸ **Buschelkapelle**. Über einen

Aussicht von der
Buschelkapelle
über das Filstal und
Deggingen

Verbindungsweg ist eine Einkehr im Gasthaus Burgruine Berneck möglich. Ansonsten folgen wir den Wegweisern sogleich weiter entlang der Kante sowie auch kurz am Rand einer Wacholderheide zu einem weiteren Ausguck und ab dort zum Wegweiser nahe dem Eckfelsen. Dort treffen wir auf die Höhenrunde, einem weiteren Löwenpfad und biegen in den Ave-Weg rechts ab. Da sich der ❹ **Eckfelsen** wie auch der ❺ **Oberbergfels** ganz in der Nähe befinden, können wir uns den Abstecher zu den beiden markanten Kanzeln aber gerne gönnen.

Wieder runterkommen Zurück auf dem Ave-Weg, führt uns dieser anschließend über mehrere Kehren wieder hinunter ins Tal. Wo der Höhenweg nahe am unteren Waldrand links ins nahe Ditzenbach abzweigt, biegen wir rechts ab. Der Rückweg zur Wallfahrtskirche erfolgt damit auf einem breiten und bequem zu gehenden Forstweg. Beim ❻ **Wegweiser Winterhalde** können diejenigen, die in Deggingen gestartet sind, links auf den Zuweg abbiegen. Alle anderen marschieren geradeaus weiter, passieren als Nächstes das ❼ **Kreuz Tägliches Gebet** und folgen der Markierung des Löwenpfads zunächst weiter auf breitem Weg zur ❽ **Ave-Quelle**, dann auch über schmalere Pfade zurück zur ❸ **Kirche Ave Maria**.

Der Löwe an der Alt Ave

Oberhalb der Wallfahrtskirche stand im frühen Mittelalter die Kapelle Alt Ave, umgeben von über 50 Quelltöpfen. Der Sage nach besaß eine der Quellen eine heilende Wirkung. Trank ein Kranker aus ihr, war er augenblicklich geheilt. Wer aber aus einer falschen Quelle schöpfte, fand nur allzu bald einen raschen Tod. Die wenigen, die aus der richtigen Quelle tranken, berichteten später, ihnen habe ein Löwe den Weg gezeigt. Dieser soll all den Hilfesuchenden zur Hilfe geeilt sein, welche reinen Herzens waren.

11

Bad Ditzenbach und Hiltenburg

Auf der Höhenrunde der Löwen

mittel | 12 km | 430 Hm | 3.30–4.30 Std.

Tourencharakter
Für den ersten kräftigen Anstieg ist eine gute Kondition am Berg von Vorteil. Danach reizvolle Höhenwanderung mit einigen Aussichtspunkten. Vorsicht bei Nässe auf dem felsigen Untergrund.

Ausgangspunkt/Endpunkt
Haus des Gastes, 510 m

Höchster Punkt
östl. Rastplatz Aimer, ca. 780 m

Anfahrt
GPS 48.5855, 9.7008
Pkw: Von der A 8 Stuttgart–Ulm bei Mühlhausen im Täle abfahren, weiter auf der B 466 nach Bad Ditzenbach, dort in die Helfenstraße abbiegen. Der Parkplatz befindet sich nach der Fils gleich rechts.
Bus & Bahn: Ab ZOB Göppingen und Geislingen (Steige) bestehen Busverbindungen zur Haltestelle Grundschule, Bad Ditzenbach.

Einkehr
Hiltenburghütte, erster und dritter So im Monat, www.sav-bad-ditzenbach.de

Beste Jahreszeit
April bis Oktober

Informationen
Erlebnisregion Schwäbischer Albtrauf, Tel. 07334/96 01 80, www.erlebnisregion-schwäbischer-albtrauf.de

Die Höhenrunde zählt zu den Löwenpfaden, die ihren Namen leben. Nachdem es rasch hoch auf den Albtrauf geht, reihen sich die Aussichtspunkte aneinander. Sie eröffnen uns traumhafte Ausblicke über die Bäderstadt und das Obere Filstal, bevor sich im Abstieg ein Abstecher zur Ruine Hiltenburg empfiehlt.

Knackiger Aufstieg zum Eckfelsen Wer öfters am Albtrauf unterwegs ist, der weiß: Irgendwann sind einige Höhenmeter zu bewältigen. Bei der Höhenrunde erfolgt dies gleich zu Beginn, sodass wir den Anstieg mit frischer Kraft angehen können. So eingestimmt, führen die ersten Meter ab dem ❶ **Haus des Gastes** durch die Helfensteinstraße und, links, die Hauptstraße. Wo diese vor der ❶ **Sankt-Laurentius-Kirche** zur Bundesstraße abknickt, orientieren wir uns zweimal rechts zur Gartenstraße, um dann links in die Straße Hinter den Gärten abzubiegen. Entlang einer Pferdekoppel steigt der Weg bereits hier kräftig an. Bei der Kreuzung am Waldrand trifft die Höhenrunde auf den Ave-Weg. Von dort folgen wir

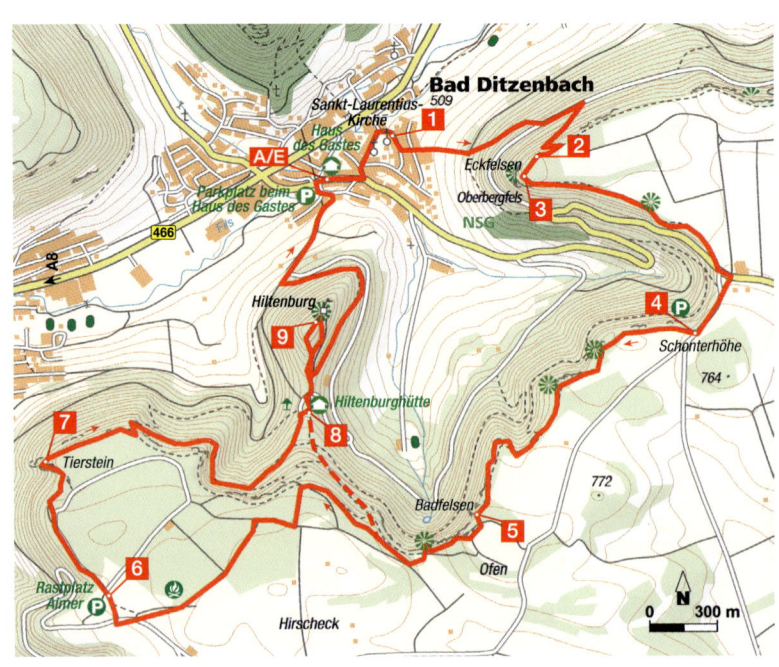

der Beschilderung des Löwenpfads zunächst hoch auf einen Forstweg. Nach einer flacheren, 180 Meter langen Passage geht es scharf rechts mit dem nächsten Pfad hoch auf den Albtrauf. Oben angelangt, gehen die beiden Löwenpfade getrennte Wege: Während der Ave-Weg links abzweigt, schlagen wir die andere Richtung ein und stehen einen Steinwurf weiter auf dem ❷ **Eckfelsen**. Die Felskanzel bietet uns eine herrliche Sicht nach Norden auf Deggingen, wegen der wir ihn auch als Abstecher des Ave-Wegs eingebaut haben.

Beim Tierstein fällt das Gelände unvermittelt nach Gosbach ab.

Über den Oberbergfels zur Schonterhöhe Wenige Schritte vom Eckfelsen entfernt, empfängt uns beim ❸ **Oberbergfels** die nächste grandiose Aussicht. Diesmal blicken wir auf das von Bergen umrahmte Bad Ditzenbach sowie das südlich von uns liegende Ditztal. Beim Zugang an den Felsrand ist allerdings Vorsicht geboten. So ist ein Teil des Felsens durch einen Riss vom Albmassiv getrennt. Im Zweifelsfall begnügen wir uns einfach mit dem nächsten Aussichtspunkt, der sich abermals nur einen Katzensprung davon entfernt befindet. Ab dort verläuft die Höhenrunde auf einem angenehm zu wandernden Waldpfad. Dieser schwenkt mal zur landwirtschaftlich geprägten Albhochfläche, dann wieder an die Traufkante und endet beim Weiler Schonterhöhe. Dort

Hochmut kommt vor dem Fall

Als Ulrich von Württemberg 1516 nach erfolgreichen Gesprächen am Kaiserhof durch das Tal zog, legte er in Gosbach eine Rast ein. Obwohl der damalige Burgherr nicht anwesend war und keiner weiß, wer den Befehl erteilt hatte, schlug plötzlich eine Kanonenkugel mitten im Lager des Herzogs ein. Menschen kamen keine zu Schaden, allerdings verlangte der Herzog wutentbrannt, die Hiltenburg zu zerstören. Die schwangere Gräfin vermochte dies zunächst noch abzuwenden. Weil der Burggraf aber anschließend den freien Zugang im Kriegsfalle verwehrte, schickte Ulrich erneut seine Soldaten, damit sie keinen Stein auf dem anderen ließen.

überqueren wir die Kreisstraße, passieren einen Parkplatz und erreichen 200 Meter weiter den Rast- und Wanderparkplatz ❹ **Schonterhöhe**.

Auf wechselnden Wegen zum Aimer Sowie wir dort rechts abgebogen sind, führt uns die Höhenrunde an einem weiteren Aussichtspunkt mit schönem Blick auf Ditzenbach vorbei zum ❺ **Badfelsen**. Die Blickrichtung geht hier über Ditzenbach hinweg ins Krettenbachtal. Wenden wir uns ganz nach links, sehen wir außerdem über das Ditzental hinweg zur Hiltenburg, deren oberste Teile aus dem Wald ragen. Gefunden? Dann wandern wir weiter durch den Wald bis zu einem Acker, wo rechts der bereits nächste Aussichtsfelsen auf uns wartet. Gleich danach schwenkt die Höhenrunde nach Nordwesten, und bei der nächsten Gabelung besteht die Möglichkeit, mit der Markierung »Rote Raute« des Albvereins bzw. auf dem Albtraufgänger zur Hiltenburghütte abzukürzen. Um auf der Höhenrunde zu bleiben, halten wir uns stattdessen links, um 400 Meter weiter nochmals links abzubiegen. Wir tangieren damit erneut die Felder auf der Albhochfläche, um dort erst rechts, dann abermals links zum großzügig angelegten ❻ **Rastplatz Aimer** abzuzweigen. Da sich dort auch ein größerer Spielplatz befindet, kann es hier an sonnigen Wochenenden lebhaft zugehen.

Den Oberbergfels lernen wir auch als Abstecher der Ave-Runde kennen.

Abstieg zur Hiltenburghütte Für den nächsten Abschnitt biegen wir beim Wanderparkplatz rechts ab, halten uns bei der nahen Weggabel links und folgen den Symbolen der Löwenpfade durch den Wald zum 800 Meter entfernten Tierstein. Kurz bevor wir diesen erreichen, bietet uns ein schmaler Vorsprung das nächste dankbare Fotomotiv. Beim ➐ **Tierstein** selbst – auch hier lässt ein Riss im Fels nichts Gutes für die Zukunft erwarten – liegt uns das Gostal zu Füßen, leider zudem die A 8, die einige Bäume zu kaschieren versuchen. Beim nächsten Wegweiser halten wir uns links und folgen der Beschilderung des Löwenpfads noch bis zum Wegweiser oberhalb der ➑ **Hiltenburghütte**. Auf der Höhenrunde ginge es direkt hinunter nach Ditzenbach. Da wir schon einmal hier sind, wollen wir aber natürlich die Hiltenburg nicht verpassen.

Ruine Hiltenburg Dafür wechseln wir auf den Fernwanderweg der Albtraufgänger, passieren die leider nur selten bewirtete Hütte und halten uns anschließend zweimal links. Wir nehmen damit den steileren, kurzen Pfad hinauf zur ➒ **Hiltenburg**. Die Festung wurde erstmals 1289 als Sitz eines Amtmannes der Grafen von Helfenstein erwähnt. Ab 1396 war die Hiltenburg der Hauptwohnsitz der Helfensteiner. Der südliche Turm ist von April bis Oktober an Sonn- und Feiertagen geöffnet. In ihm informiert eine Ausstellung über die Geschichte der Hiltenburg und das Leben ihrer Bewohner. Auf dem weitläufigen Areal finden wir außerdem einige schöne Rastmöglichkeiten. Nach dem Burgbesuch geht es am besten auf dem breiteren Weg hinunter zum letzten Abzweig und links mit der Markierung »Rote Raute« zurück auf die Höhenrunde sowie rechts zum ➓ **Haus des Gastes**, wo wir sicher zufrieden auf eine Fülle neuer Eindrücke zurückschauen werden.

Der Überlieferung zufolge hat Hochmut die Hiltenburg zu Fall gebracht.

12

Boßler-Steig

Schicksalsberg der Flieger

mittel   15 km   530 Hm   4.30–5.30 Std.

Tourencharakter
Waldreiche Runde, die beim Aufstieg auf den Boßler gute Kondition am Berg und auf kurzen Abschnitten Trittsicherheit erfordert, die einen aber auch mit herrlichen Aussichten entlang des Albtraufs überrascht.

Ausgangspunkt/Endpunkt
Parkplatz Silberpappel, 480 m

Höchster Punkt
Boßler, 795 m

Anfahrt
GPS 48.6316, 9.6114
Pkw: Von der A 8 Stuttgart–Ulm bei Ausfahrt 58 Aichelberg abfahren, weiter auf der L 1214 bis Bad Boll. Dort auf die Badstraße, nahe dem Zentrum in die Gruibinger Straße abbiegen.
Bus & Bahn: Es bestehen Busverbindungen ab dem Bahnhof Göppingen zur Haltestelle Badstraße/Gruibinger Straße. Der 700 m lange Zuweg erfolgt über die Gruibinger Straße.

Einkehr
Schützenhaus Bad Boll, Landgasthof Deutsches Haus, Naturfreundehaus Boßlerhaus

Beste Jahreszeit
April bis Oktober

Informationen
Tourismusbüro Bad Boll, Tel. 07164/808 28, www.bad-boll.de

Rechte Seite: Vom Boßler aus sind weite Teile des Albtraufs sowie der Vulkankegel der Limburg zu sehen.

Auf dem Weg zum Boßler queren wir die A 8. Für einen mystischen Pfad sind das denkbar schlechte Voraussetzungen. Dennoch zieht der Berg Wanderer und Ausflügler magisch an – wurde in der Vergangenheit aber auch manch einem Piloten zum Verhängnis.

Das Stauferland im Blick Bereits nahe des Parkplatzes Silberpappel können wir einen ersten Rundumblick auf uns wirken lassen. Dieser reicht über Bad Boll und das Stauferland hinweg zu den Drei Kaiserbergen sowie zum Stuttgarter Fernsehturm. Als Premiumwanderweg ist der 2018 eröffnete Boßler-Steig in beide Richtungen gut beschildert. Da wir selbst die zweite Querung der Autobahn als weniger störend empfunden haben, empfehlen wir jedoch, die Runde entgegen dem Uhrzeigersinn zu wandern. Damit geht es auf den ersten Metern hinunter zur als Naturdenkmal geschützten **A** **Silberpappel** und vor dieser links auf den Boller Höhenweg zur Schießanlage. Sowie wir das Schützenhaus passiert haben, kommen wir zum **❶** **Tempele**. Der 1824 als Belvedere errichtete Bau eröffnet uns den zweiten weitreichenden Ausblick über das Filstal zu den Drei Kaiserbergen und wurde als Symbol des Boßler-Steigs gewählt.

Teufelsloch und Schillerlinde Beim Tempele biegen wir erst rechts, dann sogleich wieder links ab, sodass uns der Höhenweg auf nun wechselnden Wegen durch den Wald führt. Sowie wir diesen wieder verlassen haben, treffen wir auf den Michael-Hörauf-Weg, auf dem es links bis an sein Ende in den Unteren Teufelslochweg geht. Rechts ab führt uns dieser an den Teufelsklingenbach und durch die tiefste Stelle des Boßler-Steigs nach Eckwälden zur **❷** **Schillerlinde**. Bei dem markanten Baum treffen wir auf den HW 7, auf dem es links über die Dorfstraße aus dem Ort heraus und, am Gelände der WALA Heilmittel GmbH vorbei, links in den Wald hinein geht.

Aufstieg zum Deutschen Haus Nach einer zunächst gemächlich ansteigenden Passage beschreibt der Wanderweg eine Rechtskurve, und es zieht die Steigung einen Katzensprung weiter deutlich an. Immer das Tempele-Symbol des Steigs sowie hier auch den roten Strich des HW 7 im Blick, gewinnen wir erst auf breitem Weg, dann (rechts) auf einem schmaleren Pfad rasch einige Höhenmeter. Während die Anstrengung

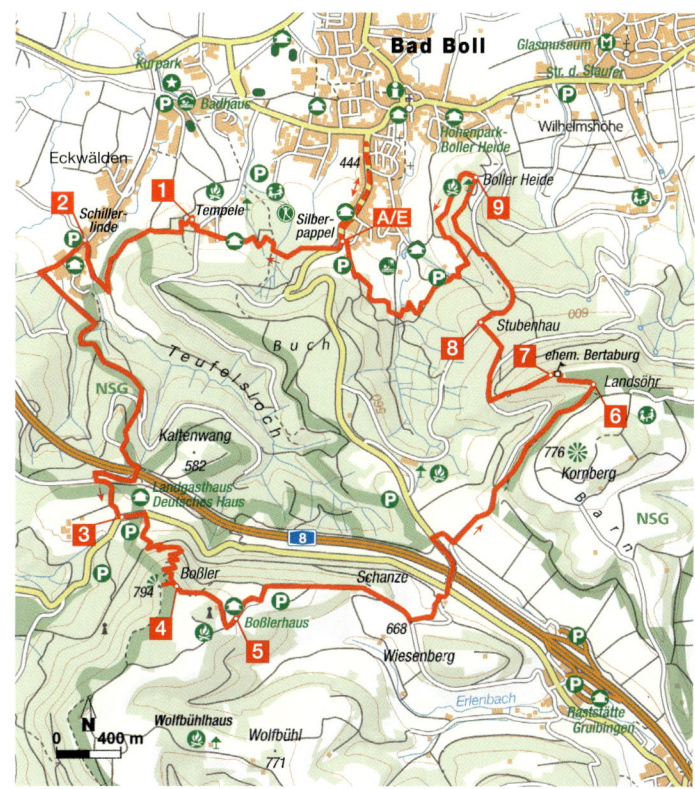

erste Schweißperlen auf die Stirn zaubert, dringt bald der Lärm der sechsspurigen Verkehrsader durch den Wald bis an unsere Ohren. Wo der Pfad endet, orientieren wir uns links und sehen dann auch schon die A 8 vor uns. Durch die Unterführung hindurch führt uns der Steig hoch zum Pflugeisenweg (dort links) und durch das nächste Waldstück an die L 1213, auf der wir links bald das ❸ **Deutsche Haus** erreichen.

Auf dem Schicksalsberg Ab dem Gasthaus trennen uns nur noch 1100 Meter bis zu unserem Ziel auf dem Boßler. Doch diese machen dem Wandersteig alle Ehre. So führen die Wegmarkierungen zunächst über eine Wiese zurück in den Wald, dann über leicht glitschige Pfade und durch einige Kehren steil bergauf bis zum Wegweiser Boßler-Ost. Links wären es noch 400 Meter bis zum Boßlerhaus. Um den Gipfel mitzunehmen, biegen wir indes rechts ab und folgen dem wieder flacheren Pfad bis zum Gedenkkreuz auf dem ❹ **Boßler**. Nach dem Kraftakt werden wir dort mit einer herrlichen Aussicht nach Westen belohnt. Leicht zu erkennen sind Weilheim an der Teck und, südlich davon, der oben waldfreie Vulkankegel der Limburg.

Boßlerhaus Sobald wir uns sattgesehen und vielleicht noch die beiden Burgen Rauber und Teck am Albtrauf gefunden haben, kehren wir zum Wegweiser Boßler-Ost zurück und laufen geradeaus weiter zum ❺ **Boßlerhaus**. Das an den Wochenenden geöffnete Naturfreundehaus besticht mit seinem weitläufigen Außenbereich und einer sehr schön gearbeiteten Orientierungstafel. Die drei Kaiserberge, Hohenstaufen, Rechberg und Stuifen (von links nach rechts), lassen sich aber auch ohne Hilfsmittel leicht bestimmen. Auf dem nächsten Abschnitt nutzt der Steig die Zufahrt vom Boßlerhaus bis hinunter ins Erlenbachtal. Dort passieren wir erst einen Brunnen, dann die bewaldete Schanze, um im Anschluss daran links auf einen schmaleren Weg hinunter zur Autobahn zu wechseln.

Mit dem Panorama-relief lassen sich die drei Kaiserberge ziel-sicher bestimmen.

Bertaburg und Boller Heide Obwohl wir die A 8 diesmal überqueren, ebbt der Lärm schon bald wieder hinter uns ab. Wir folgen der Straße bis zum Wegweiser

Banzhau, biegen dort mit dem HW 1 rechts, 150 Meter weiter links ab und laufen auf dem landwirtschaftlichen Weg an den Waldrand. Beim Wegweiser Eckel zweigen wir rechts ab und folgen der Beschilderung zum ❻ **Landsöhr**. Dort trennen sich die Wege: Während der Albsteig zum Fuchseck abzweigt, wechselt der Boßler-Steig auf einen mit blauem Dreieck gekennzeichneten Weg zur ❼ **ehemaligen Bertaburg**. Ab dem Ende des Pfads geht es rechts auf den Oberen Hangweg, dann links auf dem Schlamperweg hinunter zum ❽ **Stubenhau** (dort rechts) und weiter auf dem Oberen Riessweg und Heidweg bis zur ❾ **Boller Heide**. An deren Ende treffen wir wieder auf den Boller Höhenweg, der uns zum Abschluss an weiteren schönen Aussichtspunkten vorbei zurück zur ❸ **Silberpappel** führt.

Eine aufwendige Beschilderung hilft, sich auf den Wanderwegen zurechtzufinden (oben links). Am Wegrand zeugen Versteinerungen von der maritimen Vergangenheit der Alb (oben rechts). Gedenkstein für die Flugopfer am Boßler (unten).

Flugunglücke am Boßler

Im Sommer 1940 und Frühjahr 1945 stürzten zwei deutsche Militärmaschinen am Boßler ab. Am 8. Januar 1958 rasten zwei Militärjets der US-Air-Force in eine Gruppe Forstleute. Es folgten am 17. August 1959 eine Maschine der Bundeswehr, am 9. April und 11. April ein US-Hubschrauber und eine private Piper sowie am 14. Juni 1966 ein Düsenjet der Bundeswehr. Den 17 Opfern dieser Abstürze ist ein Gedenkstein auf dem Boßler gewidmet. Doch die Unfallserie fand damit noch kein Ende: am 17. Juli 1979 stürzte eine Cessna und am 28. September 2005 ein Rettungshubschrauber der Deutschen Luftrettung am Boßler ab.

13 Reußenstein und Schertelshöhle

Einmal Schwäbische Alb bunt gemischt

schwer · 19 km · 450 Hm · 6.00 Std.

Tourencharakter
Abwechslungsreiche und technisch an sich nicht allzu schwere Runde, die allerdings durch ihre Länge eine gute Kondition voraussetzt und auf mehreren pfadigen Abschnitten griffiges Schuhwerk erfordert. Stöcke und Handtuch empfohlen.

Ausgangspunkt/Endpunkt
Wiesensteiger Tälesbad, ca. 600 m

Höchster Punkt
südlich Bläsiberg, bis ca. 775 m

Anfahrt
GPS 48.5620, 9.6119
Pkw: Von der A 8 Stuttgart–Ulm bei Mühlhausen im Täle auf die B 466 abfahren. In Mühlhausen den Kreisverkehr zur Richtung Wiesensteig verlassen, dort in die Seestraße abbiegen.
Bus & Bahn: Es bestehen Busverbindungen ab ZOB Göppingen und ZOB Geislingen (Steige) zur Haltestelle Rathaus, Wiesensteig. Der Zustieg erfolgt über die Hauptstraße.

Einkehr
Gasthof Bläsiberg, So ab 11 Uhr, Sa ab 14 Uhr, www.gasthofblaesiberg.com; Hofgut Reußenstein, Sa & So ab 9.30 Uhr, Küche ab 11.30 Uhr, Rasthaus Schertelshöhle, Di-So ab 10 Uhr, Nebensaison nur Sa & So, www.schertelshoehle.de

Beste Jahreszeit
April bis Oktober

Informationen
Stadt Wiesensteig, Tel. 07335/ 962 00, www.wiesensteig.de

Die Tageswanderung ab Wiesensteig bietet so ziemlich alles, wofür wir die Schwäbische Alb lieben. Kapellen und Bildstöcke am Wegrand, wechselnde Aussichten, eine imposante Burg und eine Höhle mit atemberaubenden Tropfsteinen. Zuletzt erwartet uns eine eiskalte Erfrischung beim Filsursprung.

Aufstieg zur Kreuzkapelle und auf den Bläsiberg Ab dem **A** Tälesbad geht es ein Stück auf der Seestraße zurück bis zu einem kleineren Parkplatz und mit dem HW 7 erst geradeaus auf dem Fußweg, dann wieder auf der Seestraße zur Stadtmitte von Wiesensteig. Wo wir auf die Hauptstraße treffen, nutzen wir ein paar Schritte weiter links den Zebrastreifen, queren die Sommerbergstraße und nehmen die Treppe hoch auf den Sommerberg-Kreuzweg. Nachdem wir einen ersten schönen Aussichtspunkt über Wiesensteig passiert haben, kreuzen wir einen Forstweg und folgen dem Kreuzweg weiter bergan zur ❶ **Kreuzkapelle**. Oberhalb folgen wir dem HW 7 in nordwestlicher Richtung über die mit Hafer- und

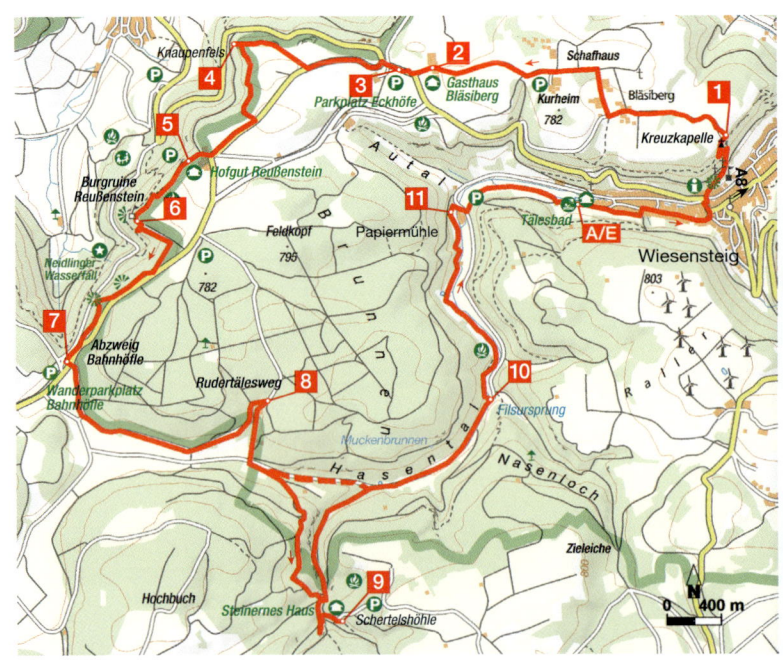

Gerstefeldern landwirtschaftlich geprägte Hochfläche zur Pferdepension Rosenhof und über den Wegweiser Pfaffenbüchle (dort links) am Jugenddorf vorbei zur ersten Einkehrmöglichkeit beim ❷ **Gasthaus Bläsiberg**.

Aussichtskanzel Knaupenfels Wo wir auf die Landstraße stoßen, folgen wir dieser rechts bis zum ❸ **Parkplatz Eckhöfe**. Dort trennen sich die Wege: Während der HW 7 rechts zum Boßler abbiegt, wechseln wir links auf den HW 1 und folgen dem Albsteig jenseits der Landstraße zur Burgruine Reußenstein. Wer die Runde ein wenig verkürzen möchte, kann auf der landwirtschaftlichen Straße direkt zum Hofgut Reußenstein laufen. Ansonsten wechseln wir nach gut 500 Metern rechts auf den Wiesenweg zum ❹ **Knaupenfels**. Bei der Felskanzel liegen uns Neidlingen und das Lindachtal zu Füßen. In der Ferne ist der Kegel der Limburg gut zu erkennen. Wenden wir uns nach links, rückt außerdem die Burgruine Reußenstein ins Bild.

Burgruine Reußenstein Nach dem Abstecher geht es entlang der Felder zurück auf die Straße, wo wir rechts als Nächstes das ❺ **Hofgut Reußenstein** erreichen. Der Wanderweg führt zwischen der Scheune und den weiteren Hofgebäuden an den

Etwas oberhalb von Wiesensteig gibt der Wald einen malerischen Blick auf den Fachwerkort frei.

Schertelshöhle

Die 212 Meter lange Schertelshöhle besteht aus seinem L-förmigen Gang, der durch einen künstlichen Stollen mit der Außenwelt verbunden ist. Führungen dauern etwa 25 Minuten und sind von Mitte April bis Mitte Mai sowie vom 1. Oktober bis etwa 10. November jeweils sonntags sowie von Mitte Mai bis Ende September von Dienstag bis Sonntag möglich. Die Tropfsteinhöhle ist gut beleuchtet und bequem zu begehen.

Alte Baumstümpfe lassen sich prima als Träger von Wegmarkierungen nutzen (links). Auch heute noch bildet die Reußenstein eine imposante Burgruine (rechts).

Waldrand und über einen angenehm zu laufenden Fußweg zur ❻ **Burgruine Reußenstein**. Für den Burgbesuch können wir gerne mehr Zeit einplanen. Es gibt dort einige Ecken, an denen es sich gut eine Weile aushalten lässt, um die herrliche Aussicht auf Neidlingen und das Albvorland sowie auch die Geschichte vom Riesen Heim auf sich wirken zu lassen. Außerdem lohnt sich ein Abstecher auf den südlichen Nachbarfelsen. Er ermöglicht uns einen besonders schönen Blick auf die imposante Burgruine, bis wir zum Wegweiser oberhalb der Reußenstein zurückkehren.

Auf der Filsursprung-Runde Weiter geht es in südöstlicher Richtung an einen zweiten Aussichtspunkt nahe der Burg vorbei und entlang des Waldrands zum Wegweiser Zufahrt Reußenstein, wo wir rechts abbiegen und dem HW 1 zurück in den Wald folgen. Nach einer weiteren Aussichtskanzel führt uns der Weg leicht bergab an die Kreisstraße. Beim ❼ **Abzweig** zum Bahnhöfle bleiben wir noch auf dem Gehweg und stoßen auf den Löwenpfad Filsursprung-Runde, mit dem wir die Straße überqueren. Jenseits der Straße erfolgt der nächste Abschnitt auf dem Steigleshauweg nahe der Kreisgrenze zwischen Göppingen und Esslingen. Nachdem unser Weg in den Steinweg übergeht, führt uns dieser ein Stück weit bergan in den Wald hinein bis zum ❽ **Rudertälesweg**.

Schertelshöhle Dort biegen wir scharf rechts ab, womit es in südlicher Richtung wieder bergab aus dem Wald hinausgeht. Am unteren Wegende biegen wir links ab und haben einen Katzensprung weiter die Wahl: Wer die Schertelshöhle auslassen möchte, kann sich bei der Gabelung links halten. Er kommt dann auf direktem Weg zum Filsurprung. Um die Höhle mitzunehmen, wählen wir den rechten Weg und folgen der Beschilderung des Löwenpfads auf wechselnden Wegen an der Burkhardtshöhle vorbei zum Steinernen Haus und der ➒ **Schertelshöhle**. Ihre Entdeckung wird einer Sage nach auf ein Jagdunglück des Freiherrn von Schertel zurückgeführt, dessen Hund samt seiner Beute durch das Kuhloch in die Tiefe gestürzt sei. Als zwei wackere Burschen das Tier retten wollten, sahen sie, dass es zu beiden Seiten noch weit in den Berg hineinginge. Einer anderen Legende zufolge soll sich der Schwarze Vere, ein Räuber und Mörder, immer dann durch das Kuhloch in die Höhle geflüchtet haben, wenn ihm seine Verfolger im Nacken saßen. Bei dem Kuhloch handelt es sich um eine Erdfall-Doline, wie sie ganz häufig auf der Alb zu finden sind.

Rückweg über den Filsursprung Im Bereich der Höhlen treffen wir wieder auf den HW 7, der uns zusammen mit dem Löwenpfad zunächst in nördlicher Richtung, dann nach Nordosten aus dem Wald heraus ins Hasental und weiter zum ➓ **Filsursprung** führt. Unweit des Quellbereichs und Rastplatzes bietet ein flacher Bereich im Bach eine willkommene Gelegenheit zur eiskalten Abkühlung. Weiter geht es links der Fils zum Rast- und Grillplatz unterhalb des Kleinen Filsursprungs und ab dort immer entlang des Bachs bis zur **Papiermühle**. Dort verlassen wir den Löwenpfad und folgen dem HW 7 über die Fils hinweg zum Wanderparkplatz Papiermühle (GPS 48.5618, 9.5995), einem alternativen Ausgangspunkt. Von dort ist es noch rund ein Kilometer bis zurück zum ⓔ **Tälesbad**, wo wir diese lange Tour mit einem erfrischenden Bad beenden können.

Der Riese Heim

Laut einer Sage lebte einst der Riese Heim in einer Höhle am Heimenstein direkt gegenüber dem Reußenstein. Weil außer ihm keine weiteren Riesen in der Gegend lebten, wollte er in einem Schloss leben, wie es die edlen Herren und Ritter taten. Nachdem er einsehen musste, kein Talent als Baumeister zu besitzen, rief er ins Tal hinab nach Handwerkern, die er gut bezahlen wollte.

Gelockt vom Gold des Riesen kamen sie in Scharen herbei und machten sich ans Werk. Als der Bau vollbracht war, bemerkte Heim jedoch, dass ganz oben an einem der Fenster ein Nagel fehlte und erklärte, keiner solle seinen Lohn erhalten, bis auch dieser eingeschlagen sei. Demjenigen aber, der sich traute, wolle er reich beschenken. Tatsächlich liebäugelte so manch ein Schlosser und Zimmermann mit der versprochenen Belohnung. Doch sobald sie ans Fenster traten und in den Abgrund blickten, verließ sie jeder Mut. Unter ihnen war auch ein Schlossergeselle, der mit der Tochter eines reichen Meisters geliebäugelt hatte. Weil er selbst keinen Besitz hatte, verwehrte ihm der Vater jedoch seine Tochter. Entschlossen, lieber zu sterben als in ewig unerfüllter Liebe zu darben, trat er an das Fenster. Als der Riese dies sah, ergriff er ihn mit der Hand und hob ihn aus dem Fenster, sodass der Junge den Nagel sicher einschlagen konnte. Danach sprach der Riese zum Schlossermeister: »Diesem gibst du dein Töchterlein« und reichte jedem den versprochenen Lohn. Zu dem Jüngling aber sagte Heim: »Nun geh, hole deines Meisters Töchterlein und ziehe ein in diese Burg, denn sie gehört dir.«

14

Randecker Maar

Thronzeuge des Schwäbischen Vulkans

mittel · 16 km · 530 Hm · 5.00–6.00 Std.

Tourencharakter
Die Runde nutzt überwiegend breite und gut zu begehende Wege, teils auch wenig befahrene bzw. landwirtschaftliche Straßen. Der Abstecher auf den Mörikefelsen setzt Trittsicherheit und Schwindelfreiheit voraus.

Ausgangspunkt/Endpunkt
Wanderparkplatz Berg, 800 m

Höchster Punkt
Auchtert, 813 m

Anfahrt
GPS 48.5391, 9.5384
Pkw: Von der A 8 Stuttgart–Ulm bei Kirchheim unter Teck-Ost Richtung Owen abfahren, weiter auf der B 465. Zwischen Gutenberg und Donnstetten nach Schopfloch abbiegen, dort zweimal rechts der Vorderen Bergstraße zum Wanderparkplatz folgen.
Bus & Bahn: Es bestehen Busverbindungen ab VOB Kirchheim (Teck) mit Umstieg in Oberlenningen zur Haltestelle Schopfloch Rathaus, Lenningen.

Einkehr
in Ochsenwang

Beste Jahreszeit
April bis Oktober

Informationen
Gemeinde Lenningen, Tel. 07026/60 90, www.lenningen.de

Rechte Seite: Bei der Hindenburghütte öffnet sich die Sicht über das Rohrach- und Lindachtal nach Neidlingen.

Das Randecker Maar ist eines der beachtlichsten Zeugnisse des Albvulkanismus. Durch einen explosionsartigen Vulkanausbruch entstand ein Schlot mit einem Durchmesser von 1200 Metern. In diesem bildete sich ein tiefer Süßwassersee, bis sich der Zipfelbach in den Albtrauf einschnitt und einen weiteren einzigartigen Lebensraum schuf.

Mit Umsicht zum Bahnhöfle Die Schopflocher Alb ist als Erholungsgebiet mit einigen Wanderparkplätzen samt Orientierungstafeln gut erschlossen. In puncto Wegweiser und Kennzeichnung der Wanderwege indes war bei unserer Recherche im Sommer 2019 noch Luft nach oben. Bis diese ergänzt wird, braucht es an ein paar wenigen Stellen einen guten Orientierungssinn. Dann aber sollte einem gelungenen Wandertag nichts mehr im Wege stehen, und wir können den **Ⓐ Parkplatz Berg** oberhalb Schopfloch entspannt in Richtung Bahnhöfle verlassen. Die ersten Meter führen uns von der Straße weg bis zu einer Waldinsel, wo wir rechts abbiegen. Rund 400 Meter zweigen wir bei der Weggabel links ab und folgen der Markierung »Rote Raute« in nordöstlicher Richtung durch den Wald. Wo wir auf die Kreisstraße treffen, setzt sich der Wanderweg auf der anderen Seite leicht nach rechts versetzt fort, verläuft dann parallel zur Straße, um schließlich links zum Rast- und Wanderparkplatz ❶ **Bahnhöfle** abzuzweigen. Wer schattige Parkplätze bevorzugt, findet dort einen alternativen Startpunkt (GPS 48.5522, 9.5597).

Heimenstein und Hindenburghütte Beim Bahnhöfle wechseln wir auf den HW 1 und folgen nun dem Albsteig in Richtung Breitenstein. Nach einem ersten Ausblick halten wir uns bei der Gabelung rechts, sodass wir als Nächstes zum ❷ **Heimenstein** kommen. In der außerhalb der Brutzeit zugänglichen Höhle soll einst der Riese Heim zusammen mit einem mürrischen Alblöwen gehaust haben. Die Sage über den Riesen und legendären Erbauer der Burg Reußenstein lernten wir bereits bei Tour 13 kennen. Der abschüssige obere Pfad bei der Höhle führt zu einem weiteren Aussichtspunkt zur Burgruine Reußenstein. Ab dem Heimenstein geht es entlang dem Albtrauf zur ❸ **Hindenburghütte**, wo wir links, dann sogleich wieder rechts auf den nächsten Pfad abbiegen, um an dessen Ende wir nach 400 Metern rechts auf den Forstweg wechseln.

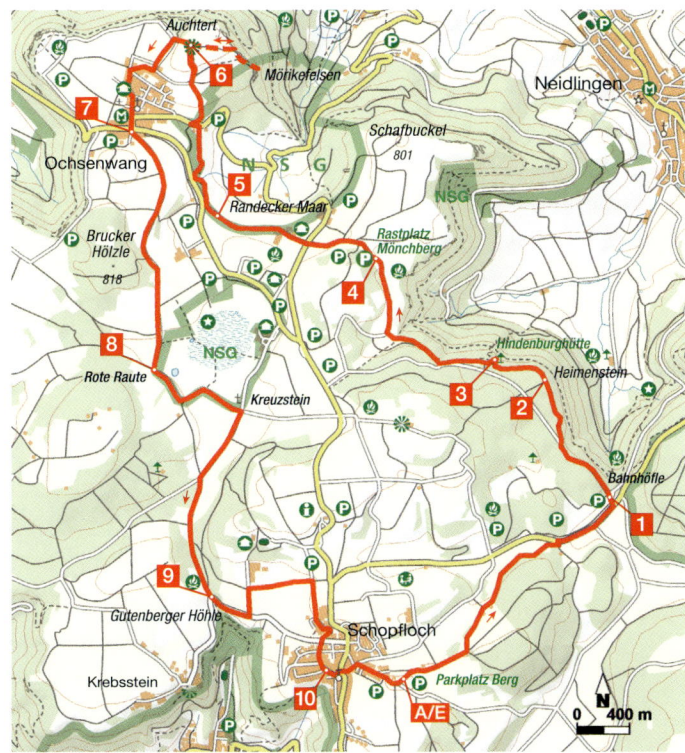

Randecker Maar Bei den nächsten Kreuzungen orientieren wir uns stets am roten Dreieck des HW 1. Dieses führt uns zunächst aus dem Wald heraus, dann in südlicher Richtung zum ❹ **Rastplatz Mönchberg** und von dort entlang des Waldes am Parkplatz Mönchberg vorbei sowie über die Landstraße nach Ziegelhütte. Wir befinden uns hier bereits am Rand des ❺ **Randecker Maars**, welches rechts neben uns trichterförmig abfällt. Am Wegrand informiert eine Schautafel über die Entstehung des Kratersees und seine urzeitlichen Bewohner, über das Anschneiden des Sees durch den Zipfelbach bis hin zur heutigen Pflege durch Rinder, Ziegen und Schafe zur Offenhaltung der auch für den Vogelzug bedeutenden Kerbe am Albtrauf.

Eduard Mörike (1804–1875)

Eduard Mörike hat sich als deutscher Lyriker der Schwäbischen Schule sowie als Übersetzer und Erzähler verdient gemacht. Von Januar 1832 bis Oktober 1833 amtierte er als Pfarrverweser in Ochsenwang. In dem alten Schulhaus und heute als Mörikehaus bekannten Gebäude bewohnte er das Obergeschoss. Zur Ausstellung in Mörikes alter Amtswohnung gehören Briefe, Zeichnungen und Pfarrberichte. www.moerikehaus-ochsenwang.de

Einem Lyriker und Erzähler auf der Spur
Nahe der Straße und dem gegenüberliegenden Wanderparkplatz biegen wir mit dem HW 1 rechts ab, bewegen uns damit am Westrand des Maars und kommen über den Wiesenpfad zu einem weiteren Wanderparkplatz. Einen Steinwurf westlich davon überqueren wir die K 1254 und folgen dem Albsteig zunächst auf dem asphaltierten Fahrweg, dann in etwa geradeaus über die Wiese auf den ❻ **Auchtert**. Rechts bietet sich ein Abstecher zum 600 Meter entfernten Mörikefels an. Wer diesen mitnimmt, folgt der Markierung »Blaue Raute« über die Hochfläche in den Wald. Trittsicheren und schwindelfreien Wanderern eröffnet der Felsen eine weitere Perspektive auf das Randecker Maar.

Über Ochsenwang zum Schopflocher Moor Zurück beim Wegweiser auf dem Auchtert, bleiben wir noch rund 100 Meter auf dem HW 1, nutzen dann aber links den direkten Weg hinunter nach Ochsenwang. Am Ortsrand treffen wir auf die Eduard-Mörike-Straße, die uns rechts zum Mörikehaus gegenüber der evange-

Der Zugang zum Mörikefelsen ist nichts für schwache Nerven.

lischen Kirche führt. Wo die Eduard-Mörike-Straße in die K 1250 mündet, stehen wir schließlich vor der Wahl: Wer sich an gekennzeichnete Wanderwege klammert, müsste rechts zur Ruine Rauber abbiegen und einen weiten Umweg über Diepoldsburg und den Engelhof nehmen. Besser, wir überqueren am südlichen Ortsende von ❼ **Ochsenwang** die Straße, halten uns bei der Gabelung links und bleiben danach auf dem landwirtschaftlichen Weg. Dieser führt uns über die offene Fläche am Schopflocher Moor vorbei und endet nach knapp zwei Kilometern (ab Ochsenwang) bei einer einzeln stehenden Linde. Dort stoßen wir wieder auf den mit ❽ »**Roter Raute**« markierten Wanderweg.

Rückweg nach Schopfloch Das Bahnhöfle ist bereits wieder angeschrieben, sodass wir der »Roten Raute« sicher durch eine Waldinsel, dann auf wechselnden Wegen zum Parkplatz oberhalb der ❾ **Gutenberger Höhle** folgen können. Ab dort ginge es entlang der Kreisstraße nach Schopfloch. Um dieser zumindest teilweise auszuweichen, empfehlen wir den Umweg auf dem Themenweg Literaturland Richtung Maierhof. In ❿ **Schopfloch** geht es dann wieder mit der »Roten Raute« durch die Raiffeisenstraße zur Johanniskirche. Sowie wir diese links passiert haben, erfolgen die letzten Meter auf der Vorderen Bergstraße bis zurück zum ⓔ **Parkplatz Berg**, wo wir auf eine vielleicht nicht immer einfache, dafür aber facettenreiche Tour zurückblicken können.

Gutenberger Höhle

Die *Gutenberger Höhle* ist eine Klufthöhle, die als eine der schönsten Tropfsteinhöhlen auf der Schwäbischen Alb gilt. Sie besteht aus sechs größeren Hallen, welche über schmale, hohe Gänge miteinander verbunden sind. Dabei ist vor allem der hintere Teil der Höhle reich an Tropfsteinen und Sinterformen. Die Gutenberger Höhle ist vom 1. Mai bis Mitte Oktober samstags von 13 bis 16 Uhr, sonn- und feiertags von 10 bis 17 Uhr geöffnet. Direkt nebenan befindet sich die Gußmannshöhle, welche ebenfalls besucht werden kann. www.geopark-alb.de

15 Ruine Teck und Breitenstein

Burgen, Höhlen und Felskanzeln über Bissingen

schwer · 12,5 km · 600 Hm · 4.00–4.30 Std.

Tourencharakter
Die Runde erfordert etwas Kondition am Berg und Trittsicherheit. Im oberen Bereich gibt es mehrere Pfade, die zum Teil abschüssig sind und bei Nässe schnell rutschig werden.

Ausgangspunkt/Endpunkt
Wanderparkplatz Am See, 430 m

Höchste Punkte
Burg Teck, 775 m
Breitenstein, 812 m

Anfahrt
GPS 48.5947, 9.4917
Pkw: Von der A 8 Stuttgart – Ulm bei Ausfahrt 57 Kirchheim unter Teck auf die B 465 abfahren und der Beschilderung nach Bissingen folgen. Die Zufahrt zum Parkplatz erfolgt über die Vordere Straße und Seestraße.
Bus & Bahn: Ab dem Bahnhof/ZOB Kirchheim unter Teck bestehen einige Verbindungen zur Bushaltestelle See, Bissingen an der Teck.

Einkehr
Burg Teck

Beste Jahreszeit
April bis November

Informationen
Gemeinde Bissingen,
Tel. 07023/90 00 00,
www.bissingen-teck.de

Die Runde ab Bissingen vereint die Ruinen Teck und Rauber mit dem Breitenstein, einem der gewaltigsten Aussichtsfelsen entlang des Albtraufs. Nebenbei lernen wir die Geschichte einer mildtätigen Mutter und ihrer missratenen Söhne kennen. Freuen wir uns auf ein spannendes Abenteuer.

Aufstieg über das Hörnle … Ab dem ⓐ **Wanderparkplatz Am See** geht es an den Bissinger See und an der gleichnamigen Bushaltestelle vorbei auf die Vordere Straße. Dort biegen wir links auf die Teckstraße, dann sogleich rechts in die Heerstraße ab und folgen der Markierung »Blaues Dreieck« an den Ortsrand. Weiter geradeaus geht die Heerstraße in einen landwirtschaftlichen Weg über, auf dem wir an Obstwiesen vorbei in die offene Landschaft und durch einen Gehölzstreifen wandern. An dessen Ende folgen wir dem Weg durch eine Rechtskurve. Nachdem ein zweiter, von Bissingen kommender Wanderweg auf unseren trifft, wechseln wir mit dem blauen Dreieck links auf den Pfad. Die Wegführung ist oberhalb der Jubiläumslinde nicht ganz einfach zu erkennen. Generell aber schwenkt der Pfad bei der Schafweide auf die linke Seite des deutlich vorgeschobenen Hörnles und führt hoch zum ❶ **Wanderparkplatz Hörnle**. Haben wir den ersten Abzweig verpasst, können wir alternativ den zweiten oder dritten nehmen. In dem Fall umrunden wir das Hörnle.

… und den Rosswasen … Ab dem ausschließlich von Owen mit dem Auto erreichbaren Wanderparkplatz führt uns das obere Ende der K 1249 an weiteren Parkmöglichkeiten und einem weitläufigen Grillplatz vorbei in den Wald. Auf bequem zu laufendem Forstweg bleiben wir dem »Blauen Dreieck« bis zum Wegweiser Rosswasen-Nord treu. Dort treffen wir auf den HW 1 und folgen dem »Roten Dreieck« weiter bergan über »Rosswasen« zum Wegweiser unterhalb der Burg Teck. Die Burgruine selbst befindet sich etwas abseits vom Albsteig. Auch lohnt sich wenige Schritte unterhalb vom Burgtor ein Abstecher über einen Treppenweg hinunter zum Sibyllenloch. Der Aufstieg in die zerklüftete Höhle ist mit festem Schuhwerk möglich. Sie befindet sich unterhalb des Aussichtsturms der Burg und ist Fundort eiszeitlicher Tierskelette, darunter Höhlenlöwen, Mammuts und Nashörner.

Rechte Seite: Das Eingangstor zur Ruine Teck

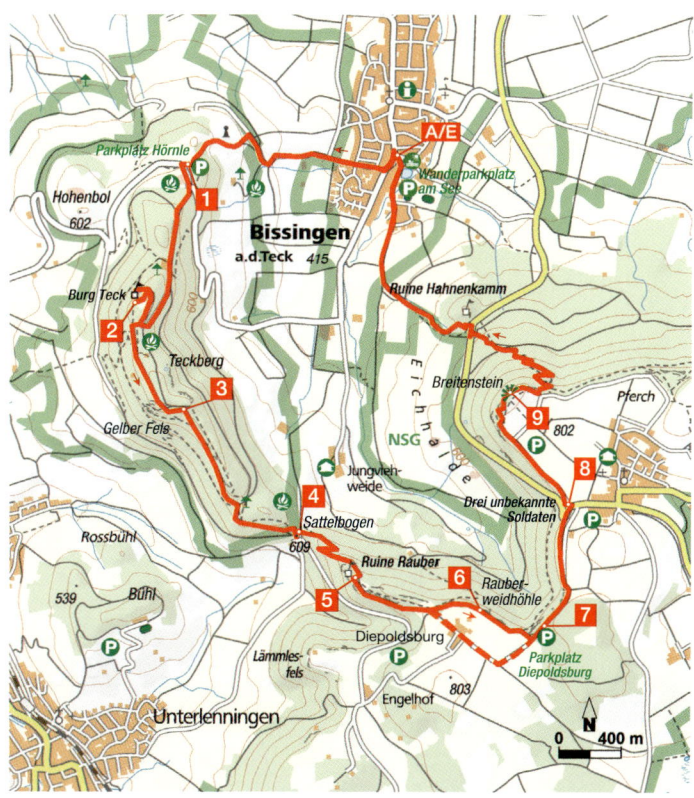

… auf die Burg Teck Anschließend geht es auf dem Treppenweg zurück zur Burgzufahrt und durch das Tor in die ❷ **Burg Teck**. Ihre Anfänge reichen bis ins 11. Jahrhundert zurück, als die Zähringer hier eine erste Schutzburg errichteten. Durch einen Vertrag mit Kaiser Barbarossa konnten die Zähringer ihren Einfluss Mitte des 12. Jahrhunderts bis nach Frankreich und in das Gebiet der heutigen Westschweiz ausdehnen. Mit der räumlichen Verschiebung ihres Einflussbereichs verlegte das schwäbische Fürstengeschlecht seinen Hauptsitz von Weilheim an der Teck in den Breisgau. Nachdem die Burg Teck zu Beginn im Jahr 1304 je zur Hälfte an die Habsburger und an die Grafen von Württemberg verkauft wurde, fiel sie 1525 dem Bauernkrieg zum Opfer. Ein 1736

geplanter Wiederaufbau wurde ein Jahr später wieder verworfen. 1864 übernahm der Kirchheimer Verschönerungsverein die Burgruine und entwickelte sie zu einem Ausflugsziel. Der weit sichtbare Aussichtsturm entstand 1889 auf dem Fundament des früheren Bergfrieds. Zu seinem Fuß verwöhnt heute die Gaststätte des Wanderheims Burg Teck ihre Besucher mit regionalen Gerichten. Aber auch Selbstversorger finden auf der weitläufigen Burganlage einige schöne Plätze.

Gelber Fels, Ruine Rauber und Breitenstein Nach dem Burgbesuch kehren wir zum letzten Wegweiser zurück. Weiter geht es mit dem HW 1 immer Richtung Breitenstein. Der bestens markierte Weg führt uns durch den Wald auf den ❸ **Gelben Fels** mit der Veronikahöhle. Die nach Süden ausgerichtete Höhle besteht aus einem drei Meter breiten und sechs Meter hohen Felsportal, an das sich ein rund 15 Meter langer Spaltgang anschließt. Der Gelbe Fels selbst ist bei Kletterfreunden beliebt und öffnet uns die Sicht über das Lenninger Lautertal. Weiter geht es mit dem »Roten Dreieck« durch den Wald zum ❹ **Sattelbogen** und ab dort auf leicht abschüssigen Pfaden zur ❺ **Ruine Rauber**. Der Pfad passiert die Burganlage zunächst unterhalb, führt uns dann auf die Höhe, wo wir rechts über eine Holzbrücke in die Burgruine gelangen. Nach dem Abstecher führt uns der HW 1 in östliche Richtung an einen Grillplatz vorbei bis zu einem kleinen Friedhof. Dort halten wir uns links, sodass wir im Wald die ❻ **Rauberweidhöhle** passieren. Bei Nässe kann dieser Abschnitt glitschig werden und schwierig zu begehen sein. Wer auf Nummer sicher gehen will, kann auf den leichteren Weg zum Freizeitheim Diepoldsburg wechseln und anschließend links abbiegen. Beim ❼ **Parkplatz Diepoldsburg** vereinen sich beide Varianten wieder.

Finale auf dem Breitenstein Ab dem Parkplatz führt uns der Albsteig in nördlicher Richtung durch den Wald und über die K 1250 (leicht nach links versetzt) zum ❽ **Gedenkstein Drei unbekannter Soldaten**. Von hier trennen uns noch 750 Meter vom ❾ **Breitenstein**. Auf dem Bissinger Hausberg lohnt es sich, nochmals innezuhalten und den Blick über die Landschaft schweifen zu lassen. Eine aufwendig gestaltete Metallscheibe hilft, die umliegenden Orte und Berge zuzuordnen. Etwas abgerückt vom Rand laden mehrere Rastplätze zum Verweilen ein. Anschießend wechseln wir beim Wegweiser am nördlichen Ende des Breitensteins links auf den mit einem »Blauen Dreieck« ausgewiesenen Wanderweg. Vorbei am Rennsteigbrünnele erfolgt der Abstieg nach Bissingen durch den Wald und über die K 1250 an den Haubach. Wo unser Weg in einen anderen mündet, finden wir rechts zurück nach Bissingen und zum ⓔ **Wanderparkplatz Am See**.

Einige Mauerreste zeugen heute noch von der mitten im Wald gelegenen Burg Rauber.

Sibyllenloch

In der Höhle unterhalb der heutigen Burgruine Teck soll einst eine weise Frau namens Sibylle in einem unterirdischen Palast gelebt haben. Wo immer sie konnte, half die kluge Frau den Menschen mit Rat und Tat. Auch besaß sie die Gabe, die Zukunft vorauszusagen. Ganz anders verhielten sich ihre drei Söhne Unhold, Raufbold und Saufbold. Sie bauten ihre eigenen Burgen Rauber, Diepoldsburg und Wielandstein und zogen von dort aus, die Menschen im Tal auszurauben und zu quälen. Aus Gram und Verzweiflung über das Treiben ihrer missratenen Brut spannte Sibylle eines Tages zwei Wildkatzen vor einen feurigen Wagen. Einer Lohe gleich sahen die Menschen sie im Licht der Abendsonne fliegen. Wohin sie flog, ist unbekannt. Wohl aber soll überall dort, wo ihr Wagen den Boden berührte, das Gras früher grün werden, das Korn größere Ähren hervorbringen und das Obst süßer als anderswo sein.

16

Bassgeige und Burg Hohenneuffen

Kelten und Burgen bei Beuren

mittel · 13,8 km · 420 Hm · 4.00–5.00 Std.

Tourencharakter
Nach steilem Aufstieg zum Beurener Fels bequeme Höhenwanderung mit wechselnden Aussichten bei nur noch geringen Steigungen.

Ausgangspunkt/Endpunkt
Wanderparkplatz Freilichtmuseum Beuren, 475 m

Höchste Punkte
Bassgeige, 735 m, Friedrichsfels, 744 m, Burg Hohenneuffen, 743 m

Anfahrt
GPS 48.5743, 9.4130
Pkw: Von der B 465 bei Owen oder der B 313 bei Metzingen auf die L 1210 abfahren und der Landstraße zum Freilichtmuseum Beuren folgen.
Bus & Bahn: Ab Bahnhof Neuffen gibt es mehrere Verbindungen zur Bushaltestelle Freilichtmuseum Beuren bei Nürtingen.

Einkehr
in Erkenbrechtsweiler, Burg Hohenneuffen, in Beuren

Beste Jahreszeit
April bis Ende Oktober

Informationen
Gemeinde Beuren, Tel. 07025/ 91 03 00, www.beuren.de

Nach dem Aufstieg auf den Beurener Fels und die Bassgeige verwöhnt uns die Runde mit einem Füllhorn an Aussichtspunkten. Selbstversorger finden reichlich Anlass für eine Rast in herrlicher Umgebung. Höhepunkte der Tour sind die Burgruine Hohenneuffen und, am Ausgangspunkt, das Freilichtmuseum Beuren. Letzteres ist schon für sich einen Ausflug wert.

Aufstieg auf den Beurener Fels Vom Parkplatz des ❶ **Freilichtmuseums Beuren** aus überqueren wir bei der Übergangshilfe erst die L 1210, dann die Weiler Steige. Wir befinden uns hier auf dem Bodenlehrpfad Beuren, dem wir zunächst 200 Meter in östlicher Richtung, dann zweimal rechts folgen, bis wir auf einen mit »Blauem Dreieck« gekennzeichneten Wanderweg des Albvereins treffen. Sowie wir links abgebogen und hoch an den Waldrand marschiert sind, ist der Beurener Fels zu zwei Seiten ausgewiesen. Wer einen sanften Aufstieg favorisiert, kann rechts abbiegen. Will man den Beurener Fels nicht auslassen, muss man später

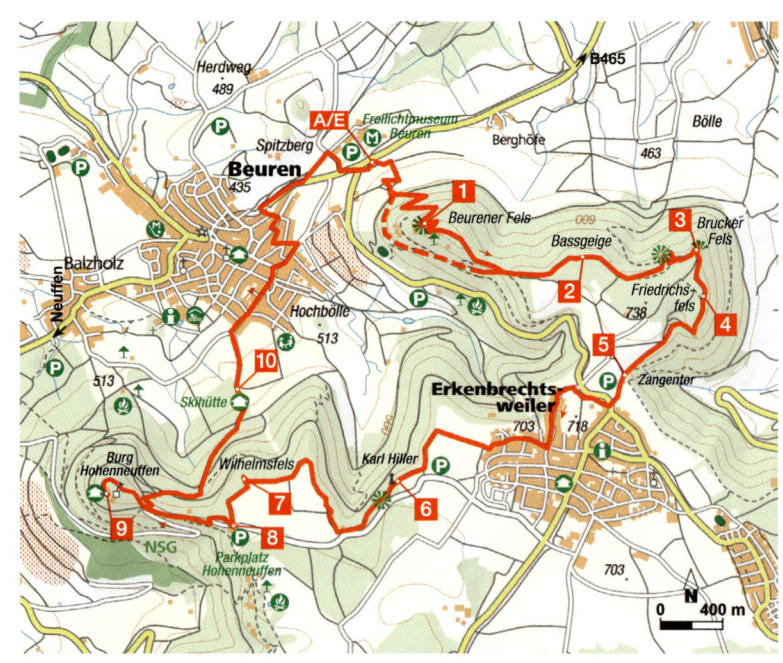

am oberen Ende des Weges links abbiegen. Für den direkten Weg biegen wir indes schon am Waldrand links ab, um einen Katzensprung weiter auf den rechts abzweigenden Pfad zu wechseln. Mit einigen Kehren gewinnen wir auf diesem rasch an Höhe. Schließlich aber ist der ❶ **Beurener Fels** erreicht und wir werden mit einer fantastischen Sicht auf die Hohenneuffen belohnt. Auch die Achalm, das Hörnle und der Jusi sind in der Ferne zu sehen.

Nach dem steilen Anstieg hoch auf den Beurener Fels erwartet uns eine geniale Sicht über das Tal zur Burg Hohenneuffen.

Oppidum der Kelten Nach der Aussichtskanzel führt uns der Wanderweg am Schlupffelsen vorbei über die Engstelle zum höchsten Punkt der ❷ **Bassgeige**. Die Berghalbinsel ist nach ihrer Form benannt, die von oben betrachtet einem Streichinstrument ähnelt. Wir bleiben auf dem mit »Blauem Dreieck« markierten Pfad, der uns an einem weiteren Aussichtspunkt vorbei zum ❸ **Brucker Fels** führt. Am östlichen Rand der Bassgeige öffnet sich hier die Sicht zur benachbarten Burg Teck. Bei dem Felsen wechseln wir auf den HW 1, dem wir in südlicher Richtung am ❹ **Friedrichsfels** und dem eher unscheinbaren Hasenbrünnele vorbei (danach links, dann entlang des Waldrands) bis zum Heidengraben folgen. Von dort führt uns der Albsteig über die Wiese durch ein

Freilichtmuseum Beuren

Das Freilichtmuseum veranschaulicht den Alltag früherer Generationen in den Regionen Mittlerer Neckar und Schwäbische Alb. Neben Scheunen und Ställen, Wohn- und Wirtschaftsgebäuden führt der Rundgang zu einem Kalkofen, der Obstmühle aus Owen, einem Bienenwagen und einem Backhaus. Eine Besonderheit ist das Tante-Helene-Lädle. Im Kolonialladen von 1929 werden regionale Spezialitäten sowie auch Hausrat aus Keramik und Emaille »wie zu Großmutters Zeiten« angeboten. Das Museum ist ab Ende März/Anfang April bis Anfang November geöffnet. www.freilichtmuseum-beuren.de

als Tor G bezeichnetes ❺ **Zangentor** nach Erkenbrechtsweiler. Die beiden Seiten der teilweise rekonstruierten Anlage waren zur Zeit der Kelten über ein Torhaus und einem Wehrgang miteinander verbunden.

Karl-Hiller-Kreuz und Wilhelmfels Am Ortsrand von Erkenbrechtsweiler kreuzen wir die K 1262, folgen der Straße rechts bis auf Höhe vom Wanderparkplatz Bassgeige und biegen schließlich mit dem HW 1 links auf den Burgweg ab. Dieser beschreibt eine Linkskurve und führt uns am Gasthaus Alte Steige vorbei nochmals nach Erkenbrechtsweiler. Bei der Kreuzung mit der Oberen Straße biegen wir rechts ab. Bald lassen wir den Ort hinter uns und folgen dem HW 1 an den Waldrand (dort links) sowie über den Wegweiser Parkplatz Erkenbrechtsweiler in Richtung der Burgruine Hohenneuffach. Beim ❻ **Karl-Hiller-Kreuz** durchqueren wir einen weiteren Waldstreifen und passieren mit dem Marienfels eine kleinere Aussichtskanzel. Sowie sich vor uns eine größere Lichtung öffnet, halten wir uns rechts und folgen dem Waldrand am Klingenteichfels vorbei sowie über den Gleitschirmstartplatz Neuffen Nord zum ❼ **Wilhelmfels**. Der exponiert am Albtrauf gelegene Felsen bietet uns einen weiteren Vorgeschmack auf die bereits nahe Burgruine Hohenneuffen.

Auf der Burg Hohenneuffen Zurück auf dem Wanderweg ist der ❽ **Parkplatz Hohenneuffen** bald erreicht. Dieser wird auch von der Buslinie 191 angefahren, die sonntags zwischen den Bahnhöfen von Owen und Neuffen verkehrt. Beim Parkplatz wechseln wir rechts auf den mit »Blauem Dreieck« ausgewiesenen Wanderweg. Am vorderen Parkplatz vorbei gelangen wir auf den Burgweg, auf dem es schließlich hoch zur ❾ **Burgruine Hohenneuffen** geht. Die auf einem Kalkfelsen thronende Festung ist die größte auf der Schwäbischen Alb und, weil sie im Lauf der Jahrhunderte nur durch freiwillige Übergabe erobert werden konnte, bis dato sehr gut erhalten. Dadurch zählt die Hohenneuffen zu den wenigen Burgen, bei dem die Verteidigungsstruktur des 16. Jahrhunderts besichtigt werden kann. Laut einer Legende musste die Burgbesatzung jedoch einmal einer sechsmonatigen Belagerung standhalten. Als die Menschen dem Hungertod nah waren, verfütterten sie ihr letztes Getreide an einen Esel und schlachteten ihn. Den vollen Magen des Esels warfen sie über die Mauer in das feindliche Lager. Dort glaubte man, dass auf der Burg noch reichlich Vorräte lagerten und zog von dannen. Heute sind Gäste in der Burggaststätte sowie auf der weitläufigen Terrasse willkommen.

Rückweg zum Freilichtmuseum Nach dem Burgbesuch kehren wir zum letzten Wegweiser zurück. Mit dem »Blauen Dreieck« geht es nun auf wechselnden Wegen durch den Wald immer Richtung Beuren. Bei der ❿ **Skihütte** verlassen wir den Wald und erreichen bald danach Beuren. Im Ort gelangen wir über die Hohenneuffenstraße zur Owenstraße und treffen auf den Fußweg zum Freilichtmuseum. Der Wegverlauf ist im Ort nicht eindeutig, führt aber am Kelterplatz vorbei zur Brühlstraße. Von dieser zweigt der Fußweg links ab, leitet uns über einen Tunnel hinweg sicher auf die andere Seite der Landstraße und durch Obstwiesen zielsicher zurück zum ➍ **Freilichtmuseum Beuren**.

Wie der Teil eines Rings schmiegt sich Neuffen an den Weinhang unterhalb der Burg.

17 Hohenurachsteig

Aufstieg über die Hanner Felsen

mittel/schwer | 8,2 km | 470 Hm | 2.30 Std.

Tourencharakter
Der Aufstieg zu den Hanner Felsen und der Hohenurach erfolgt auf teils schmalen Pfaden, die Trittsicherheit und auch Kondition am Berg erfordern, eh sie einen mit herrlichen Aussichten in verschiedene Richtungen entschädigen.

Ausgangspunkt/Endpunkt
P+R Parkplatz beim Bahnhof Bad Urach, ca. 500 m

Höchster Punkt
Eppenzill, 744 m
Anfahrt
GPS 48.4918, 9.3951
Pkw: Von der B 28 Tübingen–Ulm in Bad Urach zum P+R Parkplatz beim Bahnhof abbiegen. Alternativ ist der Einstieg beim Wanderparkplatz P19 (gegenüber der Seltbachstraße) möglich.
Bus & Bahn: Mit der Bahn bis zur Haltestelle Bad Urach (P+R) fahren.

Einkehr
auf der Strecke keine, dafür schöne Rastmöglichkeiten

Beste Jahreszeit
April bis Oktober

Informationen
Kurverwaltung Bad Urach,
Tel. 07125/94 320,
www.badurach-tourismus.de

Hoch über dem Tal der Erms thront die Burgruine Hohenurach auf dem Schlossberg. Das Wahrzeichen von Bad Urach ist der Höhepunkt des 2014 als Premiumwanderweg eröffneten Grafensteigs. Zuvor eröffnen uns die Hanner Felsen sowie auch der Eppenzillfelsen mehrere atemberaubende Aussichten.

Bitte nicht kleinlich sein Die Länge des Hohenurachsteigs wird offiziell mit 7,5 km angegeben. Betrachtet man allein die Runde, mag dies in etwa hinkommen. Durch den empfohlenen Start beim **Ⓐ P+R Parkplatz** Bahnhof Urach sind jedoch ein paar Meter mehr zu leisten. Aber gut, der über wenige Kehren angelegte Zustieg macht den Kohl nicht fett. Wer stattdessen mit dem Auto anreist und den Wanderparkplatz P 19 (GPS 48.4799, 9.3765) nutzt, kann dort direkt in die Runde einsteigen. In beiden Fällen empfehlen wir übrigens die Uracher Brezel als Wegzehrung.

Aufstieg zum Vorderen Hanner Felsen Sowie wir oberhalb der Bahnlinie auf den Steig treffen, biegen wir links ab und folgen der Beschilde-

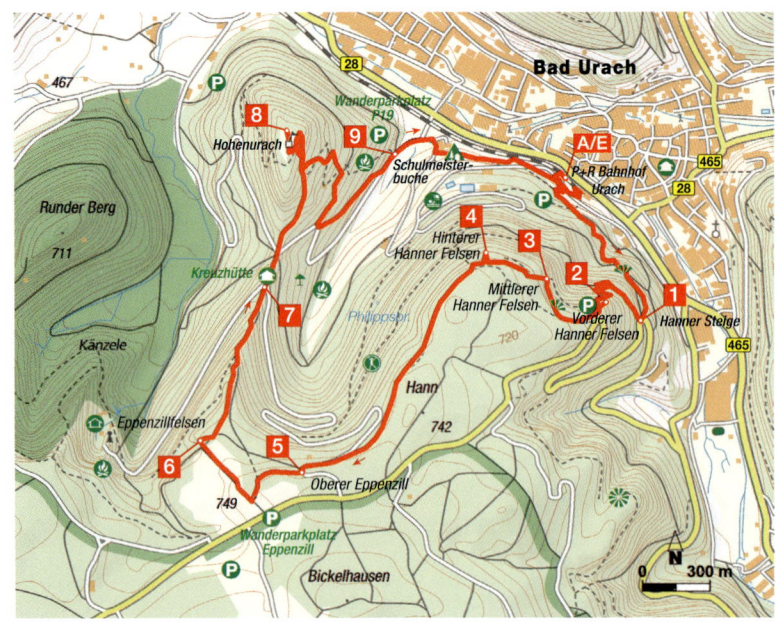

80

rung des Grafensteigs erst allmählich, dann steil bergan durch den Wald bis an die Kreisstraße bzw. ❶ **Hanner Steige** und wechseln dort rechts auf den Oberen Tiergartenweg. Nach einer flacheren, knapp 250 Meter langen Passage biegen wir scharf links auf den schmalen Pfad ab. Gleich danach ragen rechts von uns zerklüftete Felsen steil in die Höhe, während der Wald zu unserer Linken kurz die Sicht über das Tal freigibt. Nach mehreren Kehren und einer abschüssigen Treppe erreichen wir den östlichen bzw. ❷ **Vorderen Hanner Felsen**. Der Abstecher auf die Felskanzel lohnt sich, da uns der Vordere Hanner Felsen den besten Blick auf die ehemalige Residenzstadt sowie gegenüber in das Mauchental und rechts davon in das Tal der Elsach öffnet.

Mittlerer und Hinterer Hanner Felsen
Zurück auf dem Grafensteig, orientieren wir uns beim Funkturm rechts und treffen auf einen mit »Roter Gabel« gekennzeichneten Wanderweg, auf dem wir zweimal rechts erst zum ❸ **Mittleren Hanner Felsen**, 300 Meter weiter zum westlichen bzw. ❹ **Hinteren Hanner Felsen** finden.

Bereits im Anstieg zum östlichen Hannerfelsen geben die Bäume den Blick auf Bad Urach frei.

Die Uracher Brezel

Der Überlieferung nach wurde die Brezel von einem Bäcker aus Bad Urach erfunden, nachdem dieser eine verwerfliche Tat begangen und bei seinem Landesherrn in Ungnade gefallen war. Da er zuvor als ehrlich und rechtschaffen galt, wurde ihm eine letzte Chance gewährt, sein Schicksal doch noch zum Guten zu wenden. Hierzu trug ihm sein Herr auf, einen Kuchen zu backen, »durch den die Sonne dreimal scheint«. Der Bäcker machte sich ans Werk, formte dabei eine Brezel und rettete so sein Leben. Eine ganz ähnliche Geschichte soll sich im Hanauer Land im Unterelsass zugetragen haben. Auch die Gemeinde Altenriet am Neckar sieht sich als einer der Orte, in denen die Brezel »erfunden« wurde.

Auch diese beiden Felskanzeln bieten uns eine für ihre Lage nicht unbedingt zu erwartende, weite Sicht über Bad Urach zum gegenüberliegenden Albtrauf sowie in die Seitentäler der Erms. Während wir beim Mittleren Hanner Felsen eine Schutzhütte und Rastbank finden, eröffnet uns der Hintere Felsen die beste Sicht auf den Schlossberg und die Burgruine Hohenurach sowie durch das untere Ermstal zum Neckar. Sowie wir den Aussichtspunkt verlassen haben, ermöglicht rechts ein mit »Roter Raute« markierter Wanderweg, über das Höhenfreibad nach Bad Urach abzukürzen.

Eppenzill und Eppenzillfelsen Um auf dem Grafensteig zu bleiben, folgen wir indes weiter der »Roten Gabel«, sodass wir nun in südlicher Richtung weiter durch den Wald über den Wegweiser Hann zum ❺ **Eppenzill** gelangen. Vom ersten so benannten Wegweiser führt die »Rote Gabel« direkt zum Eppenzillfelsen. Der Hohenurachsteig jedoch nimmt den Umweg zu einem Rastplatz am südlichen Waldrand nahe des Wanderparkplatzes. Von dort geht es rechts zunächst am Waldrand, dann über eine Wiese zum ❻ **Eppenzillfelsen**. Spätestens hier haben wir uns eine gemütliche Rast auf der hoffentlich freien Himmelsliege verdient, bevor wir der Beschilderung auf der Pfaffensteige bergab zum Wegkreuz bei der ❼ **Kreuzhütte** folgen und schließlich geradeaus über die Obere Schlosssteige hoch zur ❽ **Burg Hohenurach** wandern.

Der schroff zerklüftete östliche Hanner Felsen (links), kurze Rast auf einer Himmelsliege am Eppenzillfelsen (rechts)

Geschichte und Geschichten auf der Hohenurach Die Festung wurde im 11. Jahrhundert von den Grafen von Urach errichtet und erstmals 1235 urkundlich erwähnt. Nachdem Graf Ludwig I. von Württemberg die Hohenurach 1427 auf den Grundmauern neu aufbauen ließ, wurde sie 1547 im Schmalkaldischen Krieg weitgehend zerstört. Nur vier Jahre später erfolgte der Wiederaufbau. Danach diente die Burg bis zu ihrem Abriss im Jahr 1765 zeitweise als Staatsgefängnis. Der Name Urach soll daher rühren, dass die Grafen eine Uhr im Tal richten ließen, sodass sie diese schlagen hörten und sich bei ihren Jagden danach richten konnten. Eine weitere Geschichte handelt von der Kanonenkugel im Uracher Schloss. Ihr zufolge hatten kaiserliche Truppen die Stadt Urach im Dreißigjährigen Krieg eingenommen. Als die Offiziere ihren militärischen Erfolg im Uracher Schloss feiern wollten, feuerte der Festungskommandant der Hohenurach eine Kanonenkugel auf die Offiziere ab. Diese durchschlug das Dach und traf im Goldenen Saal eine marmorne Tischplatte.

Auf der Hohenurach bieten zahlreiche Ecken und Winkel dankbare Fotomotive sowie auch lauschige Plätzchen.

Rückweg über die Schulmeisterbuche Nach dem Burgbesuch laufen wir die Obere Schlosssteige wieder ein Stück hinunter, biegen jedoch noch vor der Kreuzhütte links ab und folgen der Wegmarkierung in Richtung Bahnhof Ermstalklinik bis zum Rastplatz bei der ❾ **Schulmeisterbuche**. Unterhalb des im Jahr 2001 gepflanzten Baumes befindet sich der Wanderparkplatz P 19. Auch zur Haltestelle Bad Urach Ermstalklinik ist es nicht weit. Um zurück zum Bahnhof zu kommen, lassen wir den Parkplatz links liegen, nutzen zunächst die Zufahrtsstraße zur Jugendherberge und passieren diese auf ihrer westlichen Seite. Direkt oberhalb davon zweigen wir links auf den Hans-Widmann-Weg ab. Dieser führt uns in den Wald. Dort, wo wir auf die Zufahrt zum Höhenfreibad treffen, setzt sich der Steig nach links versetzt auf dem Unteren Tiergartenweg fort, der mit zwei Verbindungswegen mit dem ❤ **P+R Parkplatz** Bahnhof Urach verbunden ist.

18 Hohenwittlingensteig

Kaiserliche Ergänzung zur Ruine Hohenwittlingen

schwer | 7,6 km | 320 Hm | 3.00 Std.

Tourencharakter
Der Steig nutzt bis zum Einstieg zum Geschlitzten Fels eher gut zu wandernde Waldwege und Pfade, beinhaltet dann aber mehrere Passagen, die ein ordentliches Maß an Trittsicherheit und bei den Abstechern auch Schwindelfreiheit voraussetzen.

Ausgangspunkt/Endpunkt
Parkplatz Hohenwittlingen, 680 m

Höchster Punkt
Abzweig zur Kaisereiche, 730 m

Anfahrt
GPS 48.4655, 9.4350
Pkw: Die Anfahrt erfolgt ab Bad Urach über die B 465 und K 6706 bzw. Uracher Straße nach Wittlingen. Im Ort rechts in den Winkelweg abbiegen, weiter über den Buchenweg und, zweimal rechts, die Hohenwittlinger Straße zum Parkplatz.
Bus & Bahn: Ab Bad Urach gibt es Busverbindungen zur Haltestelle Wittlingen, Uracher Straße. Der Zugang erfolgt über den Winkelweg, Buchenweg und die Hohen-Wittlinger-Straße, ist aber auch über den Rulamanweg möglich.

Einkehr
auf der Strecke keine, dafür schöne Rastmöglichkeiten

Beste Jahreszeit
April bis Oktober

Informationen
Kurverwaltung Bad Urach,
Tel. 07125/943 20,
www.badurach-tourismus.de

Rechte Seite: Die Grundmauern lassen die früheren Ausmaße der Hohenwittlingen erahnen.

Der Hohenwittlingensteig gilt bei Bad Uracher Urlaubern bislang als Geheimtipp. Verglichen mit dem allseits bekannten Uracher Wasserfallsteig geht es hier eher beschaulich zu. Da die Runde nicht allzu lang ist, haben wir außerdem einen Abstecher zur Kaisereiche eingebaut.

Kaiserlicher Auftakt Vom Ⓐ **Parkplatz Hohenwittlingen** gehen wir ein kurzes Stück die Straße zurück, um direkt vor dem sonnig gelegenen Grillplatz rechts abzubiegen. Der erste Abschnitt der Wanderung führt uns damit durch eine Obstwiese, bei der wir nach rund 180 Metern erneut rechts abbiegen und anschließend über eine Linkskurve hoch an den Wald gelangen. Wo wir auf einen Forstweg treffen, geht es rechts leicht bergab zum Hockenloch, dann links wieder ansteigend zu einem hier bereits dritten Wegweiser mit der Bezeichnung Hockenloch und der Standortnummer BU1406. Für den Hohenwittlingensteig müssten wir rechts abbiegen. Da sie jedoch nur 400 Meter entfernt ist, bietet sich ein Abstecher zur ❶ **Kaisereiche** an. Wann genau die Stieleiche gesetzt wurde, ist nicht bekannt. Es wird jedoch vermutet, dass die Eiche zum zehnten Jahrestag der Proklamation Wilhelm I. als Deutscher Kaiser gepflanzt wurde, um dem hohen Ansehen seiner Regentschaft Ausdruck zu verleihen. Wegen seines mittlerweile hohen ökologischen Werts ist der Baum als Naturdenkmal geschützt. Der Weg links der Kaisereiche führt auf eine Lichtung zu einer von zwei Mammutbäumen flankierten ❷ **Schutzhütte** mit Rastmöglichkeit.

Ein Felsen bleibt außen vor Folgen wir dem Weg weiter, würden wir nach rund 1,3 Kilometern den Rabenfelsen erreichen. Dieser war auch schon beim Hockenloch angeschrieben. Da er sich ein gutes Stück abseits vom Hohenwittlingensteig befindet, empfehlen wir jedoch, von der Kaisereiche zum Wegweiser mit der offiziellen Nummer BU1406 zurückzukehren, um dann dort links abzubiegen. Gut 300 Meter weiter besteht beim Wegweiser Talsteige die Option, rechts zum Buckfelsen abzukürzen (»Gelbe Gabel«). Das spart einige Höhenmeter, lässt aber auch den Geschlitzten Felsen aus. Um diesen mitzunehmen, bleiben wir nun auf dem Hohenwittlingensteig, der uns in einer weiten Rechtskurve zunächst die Sicht auf einen gespaltenen Felsen östlich der von hier nicht einsehbaren

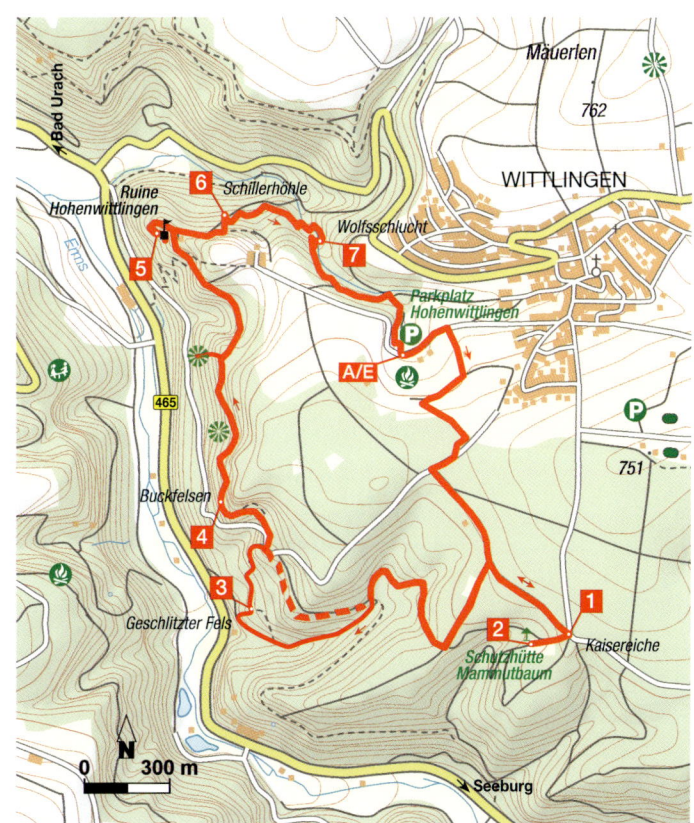

Ruine Baldeck führt. Gleich danach wechseln wir am tiefsten Punkt der Runde rechts auf den urigen, also auch unbequem zu laufenden Pfad.

Geschlitzter Fels und Buckfels Schon bald erreichen wir die Fels-formation ❸ **Geschlitzter Fels** und blicken hoch zu einer Höhle. Für Wanderer ist diese unerreichbar, sodass wir bald weiter bergan über den felsigen Pfad steigen. Rechts unseres Pfads zweigt ein Trampel-pfad ab. Wer absolut trittsicher ist, kommt über diesen näher an die Felswand heran und findet über einen mit wenigen Stufen verse-nen Treppenpfad auf den offiziellen Wanderweg zurück. Schließlich be-ruhigt sich das Terrain wieder, und wir treffen auf einen breiten Weg, wo wir uns rechts orientieren, um beim Wegweiser links auf einen Pfad abzubiegen. Vorbei an zwei

Kaisereiche (links),
die letzten Stufen
hoch auf das Aus-
sichtspodest der
Hohenwittlingen
(Mitte), für Wanderer
unzugängliche Höhle
im Geschlitzten Fels
(rechts)

Rastbänken führt uns dieser auf den ❹ **Buckfels**, wo sich die Sicht nach Westen über das tief eingeschnittene Ermstal öffnet. Zurück auf dem Wanderweg, halten wir uns bei der folgenden Weggabelung links, sodass wir als Nächstes die Aussicht Georgenau erreichen. Der Zugang auf die Felskanzel bedarf Geschick, Trittsicherheit und Schwindelfreiheit. Dann aber liegen uns weite Teile des Ermstals malerisch zu Füßen. Danach trennt uns noch ein halber Kilometer Wegstrecke von der Ruine Hohenwittlingen.

Ruine Hohenwittlingen Der Zugang zur ❺ **Ruine Hohenwittlingen** erfolgt durch den Halsgraben sowie die Nordwestseite der ehemaligen Festung. Oben angelangt, erwarten uns mehrere Rastplätze sowohl im unteren Bereich der Burg als auch auf dem zum Teil rekonstruierten Bergfried. Wer zuvor den Aussichtspunkt Georgenau ausgelassen hat, wird hier mit einer vergleichbar schönen Sicht über das Ermstal sowie einem Siedlungsausläufer von Bad Urach entschädigt. Die bereits im 11. Jahrhundert gebaute und urkundlich erwähnte Burg sorgte im 16. Jahrhundert für Aufsehen. Nachdem hier 1548 zunächst der Reformator Johannes Brenz Schutz von den Soldaten von Karl V. fand, hielt man zwischen 1560 und 1617 Männer der württembergischen Täufergemeinden – darunter die beiden Hutterer Paul Glock und Mathias Binder – auf der Burg gefangen. Glaubt man dem Volksmund, besteht unter der Burg eine Verbindung zur Baldeck.

Schillerhöhle und Wolfsschlucht Nach dem Burgbesuch kehren wir zum letzten Wegweiser im Halsgraben der Burg zurück, laufen zunächst geradeaus, um einen

Steinwurf weiter links hinunter zur ❻ **Schillerhöhle** abzuzweigen. Der Zugang zu der Höhle erfolgt auf eigene Gefahr, ist aber gut möglich. Der weitere Abstieg zur Wolfsschlucht wird nochmals von markanten, überhängenden Felsformationen begleitet. Unten angekommen, überqueren wir den Wittlinger Bach, und es folgt der anschließende Aufstieg durch die spektakuläre, von Kalksinterterrassen geprägten ❼ **Wolfsschlucht**. Gerne sollten wir für diesen letzten Abschnitt der Wanderung etwas mehr Zeit einplanen, um die einzigartige Naturkulisse zu atmen. Der Weg zum oberen Ende der Schlucht führt über Brücken und Steintreppen, ist aber gut gesichert. Vom oberen Ende sind es schließlich noch 700 Meter bis zum ❸ **Parkplatz Hohenwittlingen**, wo wir uns sicher einig sind: Anstrengend war's, aber auch richtig beeindruckend!

Der Eingang zur Schillerhöhle

Schillerhöhle und Rulaman

Die *Schillerhöhle* diente den Einwohnern der umliegenden Orte während des Dreißigjährigen Kriegs sowie später während der Franzosenkriege als Fluchthöhle. Inspiriert durch den ersten Fund eines Neandertaler-Skeletts im Jahr 1856 machte der Naturforscher und Schriftsteller David Friedrich Weinland die Höhle zu einem der Hauptschauplätze seines Jugendromans »Rulaman«. Auch aufgrund seiner regionalen Bezüge wird der 1878 erschienene Roman bis heute aufgelegt und wurde außerdem in einige andere Sprachen übersetzt.

19 Seeburgsteig Bad Urach

Wacholderflächen über dem Ermstal

mittel 8,4 km 320 Hm 2.30–3.00 Std.

Tourencharakter
Technisch einfache Runde auf Waldwegen und Pfaden. Der Aufstieg zum Littstein erfordert ein Grundmaß an Kondition am Berg. Die Tour lässt sich gut in zwei kleine Runden teilen.

Ausgangspunkt/Endpunkt
Wanderparkplatz P 40 in Seeburg, ca. 600 m

Höchste Punkte
Littstein und Ellwang, ca. 760 m

Anfahrt
GPS 48.4465, 9.4579
Pkw: Von der B 28 Tübingen–Ulm in Bad Urach auf die B 465 Richtung Ehingen abbiegen. Der Bundesstraße nach Seeburg folgen, dort auf die Gruorner Straße abbiegen. Der Wanderparkplatz P 40 befindet sich gegenüber dem Rathaus.
Bus & Bahn: Ab dem Bahnhof Bad Urach mit dem Anruf-Sammel-Taxi AST345 A Richtung Münsingen zur Haltestelle Seeburg fahren.

Einkehr
Speisecafé Schlössle, Mi-Sa ab 12, So ab 11:30 Uhr, www.speisecafe-schlössle.de

Beste Jahreszeit
April bis Anfang November

Informationen
Kurverwaltung Bad Urach, Tel. 07125/94 320, www.badurach-tourismus.de

Beim Seeburgsteig ist der Name Programm. Immer in der Nähe von Seeburg – dem kleinsten Ortsteil von Bad Urach – steigt der Weg zunächst steil bergan auf den Hartberg. Nach einigen schönen Ausblicken über das Tal führt uns der zweite Teil des Rundwegs zum Erms-Ursprung und durch die Trailfinger Schlucht.

Auf den Hartberg Wir starten in der Ortsmitte von Seeburg beim Ⓐ **Wanderparkplatz P 40** und wandern die Runde im Uhrzeigersinn. Damit geht es zunächst vor an die Bundesstraße und rechts zum ❶ **Café Schlössle**. Am Ende des Café-Parkplatzes wechseln wir auf einen Pfad und folgen dem Seeburgsteig sowie auch der Markierung »Gelbes Dreieck« durch den Wald in das stille Weidentäle. Vom oberen Ende der Lichtung ginge es mit dem »Gelben Dreieck« nach Wittlingen. Wir indes biegen rechts ab und folgen dem Steig erneut durch den Wald zur Straße und (zweimal) darüber hinweg auf den ❷ **Hartberg**. Oben angekommen, laden Bänke und Liegen zum Verweilen ein, während wir den Blick

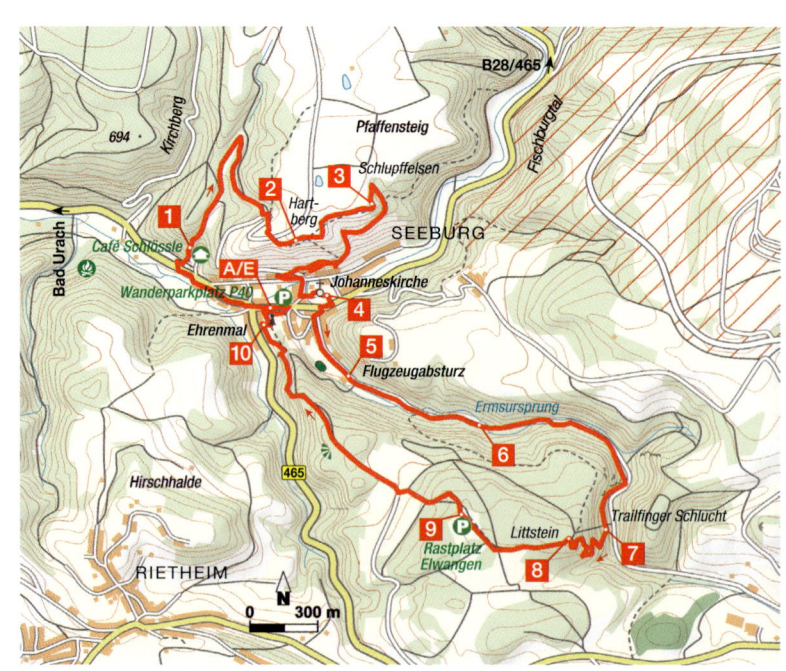

über eine Wacholderheide und das enge Tal schweifen lassen. Gegenüber ist außerdem das Gut Schloss Uhenfels zu sehen.

Intermezzo in Seeburg

Beim ❸ **Schlupffelsen** beschreibt der Weg zunächst eine Linkskurve, schwenkt aber sogleich wieder nach Süden und führt uns über die von Schafen und Ziegen frei gehaltene Weide wieder hinunter nach Seeburg. Unten angelangt, überqueren wir die Erms, gehen dieser ein Stück entgegen und biegen links, erneut über den Bach, zur ❹ **Johanniskirche** ab. Der Steig führt uns links um die Kirche herum und trifft auf die Gruorner Straße. Dort halten wir uns erst rechts, um dann links zum Erms-Ursprung abzubiegen.

Erms-Ursprung, Littstein und Elwangen

Auf dem nächsten Abschnitt laufen wir dem Bach entgegen, passieren die Gedenkstätte zum ❺ **Flugzeugabsturz** vom 26. Februar 1944, eh wir in den Wald eintauchen und den ❻ **Erms-Ursprung** erreichen. Leider ist der Bereich stark gesichert und abgezäunt, sodass sich ein längerer Aufenthalt kaum lohnt. Nach rund 1100 Metern ab dem Ursprung verlassen wir die ❼ **Trailfinger Schlucht**, und ein steiler Pfad führt uns rechts auf den ❽ **Littstein**. Ab dort folgen wir der Beschilderung immer Richtung Ehrenmal. Der Steig verläuft erst noch im Wald, dann entlang offener Flächen zum sonnenverwöhnten ❾ **Rastplatz Elwangen** und ab dort wieder bergab durch den Wald sowie über eine weitere offene Fläche um den Burgbergfels zum ❿ **Ehrenmal**. Nach dem Abstecher zu der Gedenkstätte geht es wieder hinunter zum ⓭ **Wanderparkplatz P 40** in Seeburg.

Die Geschichte der Johanniskirche reicht bis ins Jahr 1300 zurück. Von der ursprünglichen Kirche noch erhalten sind die Apsis, die Ostwand des Chors und mehrere Fresken.

20

Schloss Lichtenstein

Von der Nebelhöhle zum Märchenschloss

mittel   11 km   270 Hm   3.30–4.00 Std.

Tourencharakter
Der Aufstieg zum Gießstein sowie Abstecher zur Burg Alt-Lichtenstein erfordert etwas Umsicht und Trittsicherheit. Ansonsten technisch eher anspruchslose Runde. Mit der Variante »Leichter Rückweg« lässt sich die Tour auf unter 10 Kilometer verkürzen.

Ausgangspunkt/Endpunkt
Parkplatz Nebelhöhle, 761 m

Höchster Punkt
Bereich südlich der Nebelhöhle, ca. 835 m

Anfahrt
GPS 48.4170, 9.2227
Pkw: Von der B 313 Reutlingen–Sigmaringen in Lichtenstein in die Buchhalde abbiegen und der Beschilderung bis zum Parkplatz bei der Nebelhöhle folgen. Alternativ ist die Anfahrt über die L 382 Pfullingen-Genkingen möglich.
Bus & Bahn: ––

Einkehr
Altes Forsthaus, Schlossschänke Lichtenstein, Maultaschenwirt bei der Nebelhöhle

Beste Jahreszeit
April bis Oktober

Informationen
Schloss Lichtenstein,
Tel. 07129/41 02,
www.schloss-lichtenstein.de,
Touristinfo Sonnenbühl,
07128/925 18,
hoehlen.sonnenbuehl.de

Hoch über dem Tal der Echaz thront das Schloss Lichtenstein am Rande einer Felskante. Die heutigen Gebäude sind zwar erst nach 1840 entstanden, verströmen aber bis heute einen Hauch von Spätmittelalter. Wen wundert es da, dass die Burg auch als Märchenschloss von Württemberg bekannt ist?

Über den Kalkofen zum Gießstein Der Einstieg in die Wanderung erfolgt am oberen Ende vom Parkplatz der Nebelhöhle beim Wegweiser **Ⓐ Festplatz Nebelhöhle.** Für den Weg zum Schloss Lichtenstein wählen wir die Variante über den Gießstein. Damit erfolgt der erste Abschnitt auf dem HW 1, dessen Markierung »Rotes Dreieck« wir über den Festplatz in den Wald folgen. Wir befinden uns hier auf dem Nebelhöhleweg, auf dem wir nach circa 600 Metern erstmals an den Waldrand kommen, wo sich uns eine idyllische Sicht über die von Wiesen, Feldern und Gehölzen geprägte Hochfläche bietet. Nach einer weiteren Passage nahe dem Waldrand kreuzen wir die Straße zur **❶ Kalkofenhütte.** Nach we-

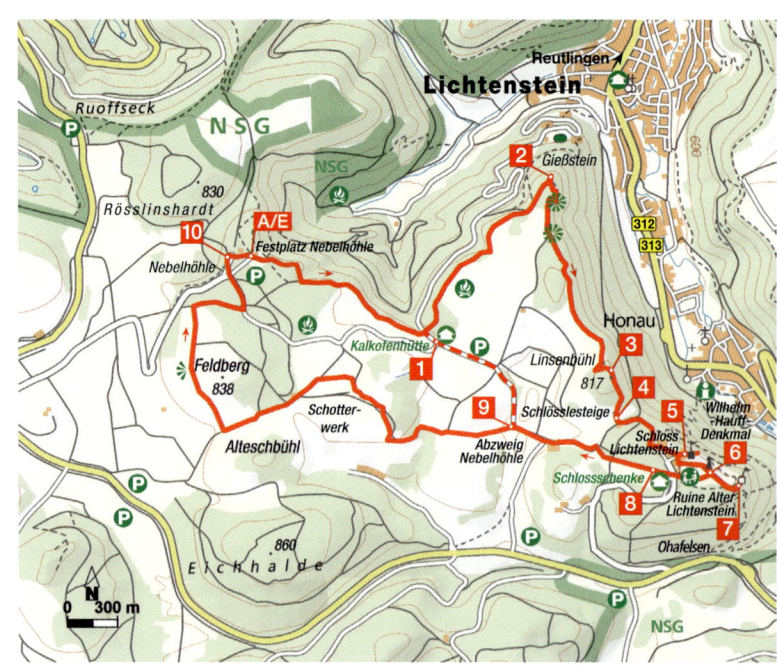

nigen Schritten auf einem von Wurzeln überzogenen Pfad passieren wir auf wieder leichterem Terrain das Goldloch, eine unerschlossene Tropfsteinhöhle. Im weiteren Verlauf tangiert der Wanderweg mehrmals den Waldrand, ehe wir den Weg nach Unterhausen links liegen lassen und sich beim ❷ **Gießstein** die Sicht nach Norden über den Ort Lichtenstein öffnet. Blicken wir nach Osten, liegen uns weite Teile des oberen Echaztals zu Füßen.

Bei der Ruine Alter Lichtenstein reicht die Sicht über das Tal der Echaz bis zur Spitze der Achalm.

Schloss Lichtenstein Vom nördlichsten Punkt der Runde führt uns der Weg anschließend in südöstlicher Richtung an zwei weiteren Aussichtsfelsen und dem Breitenstein vorbei über den ❸ **Linsenbühl** zum Wegweiser ❹ **Schlösslesteige**. Auch dort ist ein Weg zur Ortsmitte von Unterhausen angegeben. Wir indes folgen dem Albsteig weiter über die Wegweiser »Altes Forsthaus Nord« (dort rechts) und West (links) zum Alten Forsthaus. Gleich danach haben wir auch schon das ❺ **Schloss Lichtenstein** erreicht. Der Besuch ist im März, November und Dezember ab 10 Uhr, im April bis Oktober ab 9 Uhr möglich und lohnt sich allein schon wegen des spektakulären Ausblicks über das Tal. Neben dem einfachen Zugang in den Schlosshof werden jeden ersten Sonntag in den Monaten April bis Oktober halbstündige Sonderführungen angeboten.

Die Sage von der Nebelhöhle

Die *Entensage* ist die älteste überlieferte Sage über die Nebelhöhle. Sie erzählt von zwei Enten, welche man in den Großen See der Höhle gesetzt habe. Nur zwei Wegstunden entfernt sollen die beiden wieder ans Tageslicht gefunden haben. Auch sollen während der Kriegswirren Menschen in der Höhle Zuflucht gesucht haben.

Zugang in die Kernburg von Schloss Lichtenstein

Geschichte eines Märchenschlosses Das heutige Schloss Lichtenstein befindet sich rund 300 Meter nordwestlich der Burgruine Alter Lichtenstein. Nachdem jene dem Schwäbischen Städtekrieg zum Opfer gefallen war, wurde die Burg Lichtenstein um das Jahr 1390 errichtet. Im Spätmittelalter galt die neue Burg mit ihren Kasematten an der Südseite als eine der wehrhaftesten Festungen im Schwäbischen überhaupt. Erst als die Lichtenstein 1567 den Rang als Herzogsitz einbüßte und stattdessen als Wohnung für einen Forstknecht diente, verfiel sie. Einen Tiefpunkt markiert das Jahr 1802, als König Friedrich von Württemberg den oberen Teil der maroden Burg abbrechen und durch einen Fachwerkbau ersetzen ließ. Das Schicksal wendete sich 1826 mit der Veröffentlichung von Wilhelm Hauffs Roman »Lichtenstein«. Dadurch inspiriert erwarb Wilhelm Graf von Württemberg das damalige Forstschlösschen und ließ es 1840–42 im Stil einer deutschen Ritterburg des Mittelalters wieder aufbauen. In der heutigen Schlossanlage sind bis auf Höhe des zweiten Stocks Überbleibsel der alten Burgmauern integriert.

Ein Besuch in der Nebelhöhle

Die Begehung der Nebelhöhle ist von 1. April bis Anfang November täglich ab 9 Uhr möglich und kann selbstständig erfolgen. Führungen werden nach Voranmeldung für Gruppen ab 20 Personen angeboten. Reservierungen sollten mindestens eine Woche vorher unter der Rufnummer 07128/605 erfolgen.

Ruine Alter Lichtenstein Nach dem Burgbesuch folgen wir dem HW 1 weiter über die Südseite der Burg und an den Kasematten vorbei zum ❻ **Wilhelm-Hauff-Denkmal**. Direkt davor informiert die geologische Pyramide über die Entstehung und Gesteine der Schwäbischen Alb. Rund 300 Meter weiter stehen wir

schließlich vor den spärlichen Resten der ❼ **Ruine Alter Lichtenstein**. Der Zugang in den ehemaligen Burghof erfolgt durch den Hauptgraben und die südliche Umfassungsmauer. Orientieren wir uns in der Burg links, gelangen wir in die Kernburg mit Resten des Zwingers und einer Zisterne. Treten wir vor an den Rand, eröffnet uns die äußere Felsterrasse eine weitere schöne Aussicht nach Nordwesten über Honau und Unterhausen sowie nach Südosten auf die Albhochfläche nach Engstingen.

Ausgedehnte Getreidefelder prägen die Albhochfläche zwischen der Nebelhöhle und dem Schloss Lichtenstein.

Leichter Rückweg zur Nebelhöhle Nach dem Abstecher drehen wir um und folgen dem HW 1 in entgegengesetzter Richtung durch den Wald. Wo wir schon wieder nahe der geologischen Pyramide sind, können wir links direkt zur ❽ **Schlossschenke Lichtenstein** laufen. Ab dort nutzen wir den Fußweg am Spielplatz vorbei sowie entlang dem Waldrand bis an sein Ende. Dort halten wir uns links und

Ein herausragender Schriftsteller an exponierter Stelle: das Wilhelm-Hauff-Denkmal

folgen der Markierung »Rote Gabel« über den Fahrweg bis zum ❾ **Abzweig Nebelhöhle**. Wir haben die Wahl: Wer einen einfacheren, kürzeren Rückweg favorisiert, hält sich rechts. In dem Fall erreicht man nach knapp 900 Metern die ❶ **Kalkofenhütte**, ab der wir auf dem bereits bekannten Weg zurück zum Ⓔ **Parkplatz** kommen.

Für Pioniere All diejenigen, die selbst vor im Sommer zugewachsenen Wegen nicht zurückschrecken, können Richtung Bärenhöhle abbiegen. Der Weg führt damit zunächst über die Wiese bis zu einem Gehölz und weiter in westlicher Richtung bis an den Sicherheitszaun vom Schotterwerk Leibfritz. Der in diesem Bereich nur sporadisch markierte Wanderweg des Albvereins führt entlang des Zauns um das riesige Betriebsgelände herum. Ab dem westlichen Eck wandern wir zunächst noch geradeaus, eh wir gut 200 Meter rechts abbiegen und der Markierung »Rote Raute« über die Felder sowie durch den Wald zurück zur Ⓔ **Nebelhöhle** folgen.

Mittlere Flächenalb von Blaubeuren bis zum Großen Lautertal

Ausblick über die Große Lauter zur Ruine Niedergundelfingen (oben links). Morgendliche Idylle am Blautopf (oben rechts). Romantische Brücke über die Große Lauter (unten links). Burgfräulein Annette in der Ruine Hohengundelfingen (unten rechts).

21 Blautopf Blaubeuren

Eine Perle der Schwäbischen Alb

mittel 7,5 km 240 Hm 2.30–3.00 Std.

Tourencharakter
Nach dem ersten Aufstieg zum Blaufelsen angenehm zu wandernde Runde auf naturbelassenen Pfaden, aber auch Forstwegen. Lockeres Auslaufen entlang der Blau.

Ausgangspunkt/Endpunkt
Blautopfstraße, 530 m

Höchster Punkt
Landsitzle, 690 m

Anfahrt
GPS 48.4147, 9.7784 (Wanderparkplatz Markstraße)
Pkw: Die Anfahrt erfolgt über die B 28 Reutlingen–Ulm bis Blaubeuren. Der Parkplatz in der Markstraße ist am besten von Norden über die K 7406 aus anzufahren.
Bus & Bahn: Es bestehen einige Bus- und Zugverbindungen ab Hbf Ulm nach Blaubeuren. Der Zustieg erfolgt durch die Karlstraße.

Einkehr
Flugplatzstüble, Sa ab 14, So ab 11 Uhr, Cafés und Restaurants in Blaubeuren

Beste Jahreszeit
April bis Oktober

Informationen
Touristinformation Blaubeuren, Tel. 07344/96 69 90,
www.blaubeuren.de

Alljährlich lockt der Blautopf unzählige Besucher nach Blaubeuren, sie in seinen Bann zu ziehen. Die nach dem Aachtopf zweitgrößte Karstquelle Deutschlands zählt zu den spannendsten Naturerscheinungen auf der Schwäbischen Alb. Seine Entstehung verdanken wir dem Zusammenspiel ganz unterschiedlicher Umstände.

Carpe Diem – genieße den Tag Je nachdem, ob wir mit dem Pkw oder Zug anreisen, sind wir schon einen Kilometer weit gelaufen, bis wir zur Kreuzung der Klosterstraße mit der Lindenstraße und der Blautopfstraße gelangen. Da die Lichtverhältnisse am frühen Vormittag oft schöner sind und der größte Besucheransturm auf den Blautopf noch auf sich warten lässt, empfehlen wir vor der eigentlichen Wanderung einen Abstecher zum Blautopf. So ist es eher möglich, das Naturschauspiel in Ruhe auf sich wirken zu lassen. Auch gibt uns dies Gelegenheit für einen ersten Besuch der Schönen Lau, auf dass wir ihr wohlgestimmt und lebensfroh begegnen.

Aufstieg zum Blaufels Für die Wanderung geht es etwa 200 Meter zurück bis zum Übergang der **Ⓐ Blautopfstraße** in die Lindenstraße und ab dort auf dem Blaubeurer Felsensteig hoch auf den Blaufels. Wir nehmen damit die Treppe neben der Pizzeria, kreuzen oberhalb die Sonderbucher Steige und wandern mit der Markierung »Gelbes Dreieck« bergauf durch den Wald. Nachdem wir zunächst auf den für Wanderer unzugänglichen Glasfels zusteuern, geht es in mehreren engen Kehren steil bergan an den aus dem Wald herausragenden Felsformationen vorbei. Der Zugang auf den **❶ Blaufels** erfolgt damit über einen bequem zu gehenden Pfad von Norden und eröffnet uns eine weite Sicht über das nahezu ringsherum von Bergen umrahmte Blaubeuren.

Ausruhen und ausblicken Anschließend folgen wir dem »Gelben Dreieck« weiter bergan bis an den oberen Waldrand zum Wegweiser Blauberg, wo wir rechts in Richtung Sonderbuch abbiegen. Der nächste Abschnitt erfolgt zwischen dem Wald rechts und offenen Feldern links von uns bis »Ascher Steig oben« und ab dort wieder durch den Wald zum **❷ Grillplatz Landsitzle**. Neben einigen Rastmöglichkeiten ist dieser

auch mit einer Wasserstelle ausgestattet. Einen guten Steinwurf weiter kommen wir beim ❸ **Fliegerheim** erneut an den Waldrand. Wir passieren den Parkplatz und kommen als Nächstes nach Sonderbuch, wo wir die Blaubeurer Straße kreuzen, um 200 Meter weiter beim Kriegsdenkmal zur ❹ **Aussicht Sonderbuch** zu gelangen.

Auf dem Blaufels ist Vorsicht geboten. Das Gelände stürzt zu drei Seiten steil ab.

Kostbarkeiten am Wegrand Im Bereich des Denkmals trennen sich die Wege: Während der mit einer »Roten Gabel« beschilderte Wanderweg links abzweigt und einen weiten Bogen um Sonderbuch beschreibt, halten wir uns rechts und folgen nun der Markierung »Rote Raute« in südlicher Richtung zum ❺ **Knoblauchfels**. Der Felsen ist zugänglich, zugleich aber auch Habitat von rund 70 geschützten Arten – sich möglichst vorsichtig zu bewegen und die trittempfindlichen Pflanzen zu schonen, versteht sich also von selbst. Als verantwortungsbewusste Wanderer können wir uns dann umso mehr über die Blüten der Weißen Fetthenne, des Immergrünen Felsenblümchens oder auch der Pfingstnelke erfreuen. Schauen

Die Große Grotte

Die *Große Grotte* befindet sich unterhalb der Ruine Hohengerhausen und ist Fundort einiger Zeugnisse aus der Zeit der Neandertaler. Unter anderem wurden Knochen von Höhlenbären, Steinböcken und Rentieren, aber auch je einem Mammut, Wollnashorn und Höhlenhyäne gefunden. Eine menschliche Nutzung der Großen Grotte ist durch Levallois-Spitzen zur Bearbeitung von Feuersteinen und Faustkeilen belegt. Heute ist die große Große Grotte ein beliebter Spielplatz für Sportkletterer, die den IX. und X. Schwierigkeitsgrad beherrschen.

wir vom Knoblauchfels nach Süden, sehen wir außerdem das Rusenschloss aus dem Wald herausragen, das nächste Ziel unserer Runde.

Ruine Hohengerhausen Die Entstehung des als ➏ **Rusenschloss** bekannten Schlosses Hohengerhausen wird auf die Zeit um das Jahr 1080 datiert, als Bauherr wird Graf Hartmann II. angenommen. Zu den weiteren bekannteren Besitzern der Burg zählen die Grafen von Helfenstein, die Herzöge von Österreich und das Haus Württemberg. Im 12. und 13. Jahrhundert wurde das Schloss ausgebaut und nach 1282 erneuert. Nachdem die Ruine gegen Ende des 18. Jahrhunderts abgebrochen wurde, fanden in den 1970ern umfangreiche Sicherungs- und Instandsetzungsarbeiten statt. Ab 2017 erfolgte eine zweite Sanierung. Diese hatte unter anderem als Ziel, lose Felsteile zu sichern und die Mauerwerkskronen wieder fachgerecht abzudecken. Bei Drucklegung dieses Buchs waren die Arbeiten weitgehend abgeschlossen und die Burg war für Besucher wieder geöffnet.

Der Blautopf bildet nach dem Aachtopf die Karstquelle mit der zweitgrößten Wasserschüttung in Baden-Württemberg.

Varianten für den Rückweg Ab dem Rusenschloss erfolgt der weitere Abstieg durch den Wald sowie im unteren Bereich des Hangs über wenige Kehren bis zum ❼ **Wegweiser Frauenberg**. Dort biegen wir rechts ab und haben 40 Meter weiter die Wahl: Wer schon beim Blautopf war und mit dem Zug angereist ist, biegt links ab und folgt der »Roten liegenden Gabel« über die Blaubrücke in etwa parallel zu den Gleisen zum Bahnhof von Blaubeuren. Schöner indes finden wir den Rückweg entlang der Blau. Dafür orientieren wir uns am Talgrund rechts, verlassen die Beschilderung des Albvereins und folgen dem breiten Unteren Tugendpfad erst am Waldrand, dann durch offene Wiesen bis zum Mühlweg. Kurz, nachdem wir die Alte Mühle passiert haben, ermöglicht ein Fußweg den Zugang von der Talseite zum ❽ **Blautopf**, bei dem wir zum ⓔ **Abschluss unserer Wanderung** sicher nochmals gerne verweilen werden.

Die blaue Färbung des Wassers entsteht durch Lichtstreuung an winzigen Kalkpartikeln.

Die Skulptur der Schönen Lau

Die Schöne Lau

Der Sage nach saß einst eine Wasserfrau mit langen, fließenden Haaren auf dem tiefsten Grund des Blautopfs. Ihr Gemahl hatte sie dorthin verbannt, nachdem sie ihm keine Kinder gebären konnte. Erst wenn sie es schaffte, fünfmal von Herzen zu lachen, sollte sie von dem Fluch erlöst sein.

Neben dem Blautopf und dem Kloster von Blaubeuren hat Eduard Mörike auch das Klötzle Blei, den markanten Bismarckfelsen südlich der Altstadt, in seiner Sage »Historie der schönen Lau« aufgenommen. Das Denkmal der Schönen Lau stammt vom Bildhauer Fritz von Graevenitz.

22

Eiszeitjägerpfad Blaubeuren

Felsenlabyrinth versus Geißenklösterle

mittel 9,4 km 420 Hm 3.00–3.30 Std.

Tourencharakter

Weite Teile der Strecke verlaufen auf engen, felsigen Pfaden, welche ein gutes Maß an Trittsicherheit erfordern. Die Abstecher zum Brillenfelsen und Geißenklösterle können ohne großen Verlust ausgelassen und so die Runde entschärft werden. Nach knapp 4 km besteht eine Ausstiegsmöglichkeit.

Ausgangspunkt/Endpunkt

Blaubeuren Bahnhof, 518 m

Höchster Punkt

Westlich der Waldgaststätte, bis ca. 695 m

Anfahrt

GPS 48.4147, 9.7784 (Wanderparkplatz Markstraße)
Pkw: Die Anfahrt erfolgt über die B 28 Reutlingen–Ulm bis Blaubeuren. Die Bundesstraße führt direkt am Bahnhof vorbei.
Bus & Bahn: Es bestehen einige Bus- und Zugverbindungen ab Hbf Ulm nach Blaubeuren.

Einkehr

Waldgaststätte zum Schillerstein, Mi–Sa ab 11, So ab 10 Uhr, www.schillerstein-blaubeuren.de

Beste Jahreszeit

April bis Oktober

Informationen

Touristinformation Blaubeuren, Tel. 07344/96 69 90, www.blaubeuren.de

Der Eiszeitjägerpfad oder auch Alb-Donau-Kreis Eiszeitpfad führt zu steinzeitlichen Höhlen und Fundstellen im Achtal. Die Reste der ehemaligen Günzelburg, reizvolle Buchen- und Steppenheidewälder sowie der Abstecher zum Schillerstein runden unsere zweite Tour bei Blaubeuren ab.

Brillenfelsen und Brillenhöhle Vom Parkplatz an der B 28 aus gesehen, passieren wir den ♠ **Bahnhof von Blaubeuren** und folgen den Schildern des Eiszeitjägerpfads bzw. der Markierung »Gelber Ring« über den Weilersteig und links den Reichleinsbergweg an den Stadtrand. Dort biegen wir beim Wegweiser Reichleinsbergweg erst rechts, dann links ab und wechseln auf den oberen Weg. Gut 500 Meter weiter halten wir uns links und erreichen den ❶ **Brillenfelsen**. Zusammen mit dem Kreuzfels bildet er den südöstlichen Rand des Felsenlabyrinths der Weilerhalde. Über einen abschüssigen Pfad ist es möglich, zur Brillenhöhle hinunterzusteigen. Die sechs Meter hohe und rund 32 Meter lange Kuppelhöhle gilt als bedeutende Fundstelle für Artefakte der jüngeren Altsteinzeit, der Jung-

Nach einem Felsentor lohnt sich auch der Blick zurück zur Küssenden Sau.

steinzeit bis hin zur späten Bronzezeit mit der Urnenfelderkultur. Ihren Namen verdankt die Höhle zwei rundlichen Öffnungen in der Höhlendecke. Der Besuch ist im Rahmen einer Führung möglich.

Felsenlabyrinth Weiler Halde Ab dem Felsen führt der Weg ein Stück weit bergab und um den Kreuzfels herum in das Felslabyrinth, wo wir als Nächstes zur ❷ **Küssenden Sau** blicken. Besonders gut zu sehen ist die markante Felsformation im Winter und zeitigen Frühjahr, wenn die Bäume frei von Laub sind. Doch auch im Sommer sind über die niedrigeren Sträucher schöne Aufnahmen der Naturbrücke möglich. Sowie die Engstelle zwischen der Küssenden Sau und dem Achtaler Fels hinter uns liegt, lohnt sich auch der Blick zurück, eh wir weiter wandern und die ❸ **Felsenbank** am nordwestlichen Ende des Felslabyrinths passieren.

Ruine Günzelburg Beim Wegweiser Barmen halten wir uns links und zweigen anschließend links zur ❹ **Ruine Günzelburg** ab. Der kurze Abstecher hoch zum Felsen oberhalb der Steintreppe und den Resten eines halbrunden Mauerrests er-

Geißenklösterle

Das *Geißenklösterle* befindet sich rund 60 Meter über dem Talgrund und wird von einem großen Höhlenportal gebildet, an das sich zwei Felsenflügel anschließen. Berühmt wurde die Höhle durch die hier gefundenen Figuren aus Mammut-Elfenbein, die zu den ältesten figürlichen Kunstwerken der Menschheit gehören. Um die Höhle vor Raub zu schützen, ist der Eingang zwar vergittert, aber doch sehr gut einsehbar. Seit dem 9. Juli 2017 zählt das Geißenklösterle zu den Höhlen des UNESCO-Weltkulturerbes.

öffnet uns eine weite Sicht auf das Achtal. Die Günzelburg selbst wurde im ausgehenden 13. Jahrhundert durch Graf von Berkach auf einem Felsturm oberhalb eines Felsturms errichtet und besaß den Rang einer Ministerialburg. Um 1477 wird sie bereits als baufällig beschrieben. Von der einst 20 auf 21 Meter großen Kernburg haben mehrere Mauerreste die Zeit überdauert. Zurück auf dem Wanderweg, führt uns dieser weiter bergab und kreuzt den Glöcklersteig, eh wir mit dem »Gelben Ring« scharf rechts abbiegen und hinunter nach Weiler wandern. Dort angekommen, biegen wir beim Wegweiser ❺ **Weiler am Schneckenfels** links ab, laufen durch die Ludwig-Merkle-Straße vor an die B 492 und stehen bei der Haltestelle Abzweigung Weiler vor der Wahl. Genug gewandert? Dann können wir mit dem Bus bequem zurück nach Blaubeuren fahren.

Geißenklösterle Ansonsten nutzen wir links die Fußgängerampel, überqueren die Bahnlinie sowie etwa 270 Meter weiter die Ach beim ❻ **Kriegerdenkmal**. Dort befinden wir uns genau unterhalb vom Geißenklösterle. Um dorthin zu gelangen, biegen wir erneut links ab, sodass wir ein Stück auf die Tennisanlage von Blaubeuren zugehen, um kurz davor scharf rechts auf den schmalen Pfad zu wechseln. Auf diesem gewinnen wir nun rasch einige Höhenmeter, haben das ❼ **Geißenklösterle** nach weiteren 250 Metern aber auch schon erreicht. Der Zugang erfolgt über einen

Nach dem Geißenklösterle bietet uns der Bischoffelsen eine herrliche Sicht über das Tal der Ach.

nochmals deutlich steileren Pfad, der sich zwischen zwei Felsflügeln hoch bis zum Eingang der Höhle schlängelt. Auf der rechten Seite können wir das Geißenklösterle durch ein Loch im rechten Felsflügel wieder verlassen. Wem die Sicht vom unteren Teil hoch zur markanten Felsformation reicht, kann auf dem unteren Weg bleiben. Nach wenigen Schritten treffen beide Pfade wieder zusammen.

Bischoffelsen und Schillerstein Weiter in südöstlicher Richtung, liegt uns auf der Felskanzel ❽ **Bischofsfelsen** nochmals das Achtal zu Füßen, ehe wir 400 Meter weiter beim Wegweiser Abzweig Geißenklösterle scharf links in Richtung Schillerstein abbiegen. Wo der Eiszeitjägerpfad eine Rechtskurve beschreibt, halten wir uns beim Wegweiser Überm Bruckfels rechts und folgen den Markierungen in erneut südöstlicher Richtung durch den Wald bis zum Wegweiser Oberer Kühnenbuch, wo wir links mit der ❾ **Waldgaststätte zum Schillerstein** eine schöne Möglichkeit finden, die Wanderung mit einer Einkehr zu verbinden. Vom Ausflugslokal führen zwei Wege zum Schillerstein. Um auf dem Steinzeitjägerpfad zu bleiben, müssen wir bei der 170 Meter entfernten Gabelung links auf den Waldpfad wechseln und an dessen Ende wieder rechts abbiegen. Wir können aber auch auf dem breiten Forstweg bleiben und somit die angenehmere Route zum 1905 errichteten Denkmal ❿ **Schiller-stein** nehmen. Nach diesen letzten Eindrücken kehren wir zum letzten Wegweiser zurück und folgen der Beschilderung hinunter nach Blaubeuren, wo wir mit einem achtsamen Auge auf den Verkehr entlang der B 28 zurück zum Ⓔ **Bahnhof von Blaubeuren** finden.

23

Derneck und Hohengundelfingen

Burgendoppel im Großen Lautertal

mittel 6,6 km 270 Hm 2.45 Std.

Tourencharakter
Technisch eher einfache Runde auf überwiegend breiten, teils asphaltierten Wegen und wenig befahrenen Straßen. Der Aufstieg zur Burg Hohengundelfingen verlangt etwas Trittsicherheit.

Ausgangspunkt/Endpunkt
Parkplatz Heiligental, ca. 600 m

Höchster Punkt
Waldweg oh. Hohengundelfingen, 745 m

Anfahrt
GPS 48.3160, 9.5072
Pkw: Die Anfahrt erfolgt über die B 465 Bad Urach–Ehingen (Donau). Bei Bremelau auf die Ehinger Straße abfahren und der Beschilderung über Dürrenstetten (enge Straße) oder Bichishausen nach Gundelfingen folgen. Der Parkplatz befindet sich südlich von Wittstaig direkt an der K 6769.
Bus & Bahn: Ab dem Bahnhof Münsingen bestehen Busverbindungen zur Haltestelle Burg Derneck, Hayingen.

Einkehr
Burgschenke Derneck, täglich ohne Angabe der Öffnungszeit, https://burgderneck.albverein.eu

Beste Jahreszeit
April bis Oktober

Informationen
Touristinformation Münsingen, Tel. 07381/18 21 45, www.muensingen.com

Rechte Seite: Nachmittags ist die Sicht von der Burg Hohengundelfingen bei seitlich einfallendem Licht besonders schön.

Im Lauf der Jahrhunderte sind zahlreiche Burgen im süddeutschen Raum peu à peu aus der Landschaft verschwunden. Lange sah es so aus, als sollte auch die Burg Hohengundelfingen dieses traurige Schicksal teilen – um dann wieder ein Stück weit aufzuerstehen. Seit 2012 sind in der stattlichen Burgruine sogar Hochzeiten möglich.

Warmlaufen an der Großen Lauter Beim **Ⓐ Parkplatz Heiligental** ist die Burg Hohengundelfingen bereits mit 1,7 Kilometer Entfernung angeschrieben. Schöner finden wir es jedoch, die auch als Premiumwanderweg »hochgehswiggert«*) ausgewiesene Runde im Uhrzeigersinn zu wandern und uns die Burgruine für später aufzubewahren. Damit wenden wir uns nach Westen, verlassen den Grill- und Parkplatz rechts am Gebäude vorbei und kreuzen die Straße. Wenige Schritte weiter überqueren wir die hier idyllisch talwärts plätschernde Große Lauter, passieren einen Rastplatz mit Liegewiese und biegen bei der nächsten Möglichkeit links ab. Dieser erste Abschnitt ist von den Mäandern der Großen Lauter geprägt, die mal nahe der Straße verläuft, um mit der nächsten Biegung wieder auf die Felswand rechts von uns Kurs zu nehmen.

Von der Burg zum Wanderheim Nachdem wir den Rastplatz am Fuß des Klingelfelsens passiert haben und auf die 1933 erbaute Straße treffen, ginge es links zur Bushaltestelle Burg Derneck. Hier lohnt sich ein Miniabstecher auf die Brücke, welche uns einen besonders schönen Blick auf die Flusslandschaft eröffnet. Gleich darauf biegen wir nahe dem **❶ Wanderparkplatz Burg Derneck** scharf rechts auf den breiten Waldweg ab. Dieser führt zunächst ein Stück auf den Klingelfelsen, schwenkt dann nach Südwesten und mündet schließlich auf die Zufahrt sowie in den HW 5 links zur **❷ Burg Derneck**. Die bis ins 16. Jahrhundert hinein noch Degeneck genannte Festung entstand um das Jahr 1350. Nach einigen Besitzwechseln, darunter die Grafen von Helfenstein, die Fürstenberger und das Königreich Württemberg, wurde sie 1967 vom Schwäbischen Albverein übernommen; heute ist hier ein Wanderheim mit Kiosk

*) »Originelle Wortschöpfung« einer Marketing-Agentur; zusammengesetzt aus hoch-, geh- und Swigger, wobei letzteres Wort den Namen des vermeintlichen Burggründers von Hohengundelfingen nennt; Anm. des Lektorats.

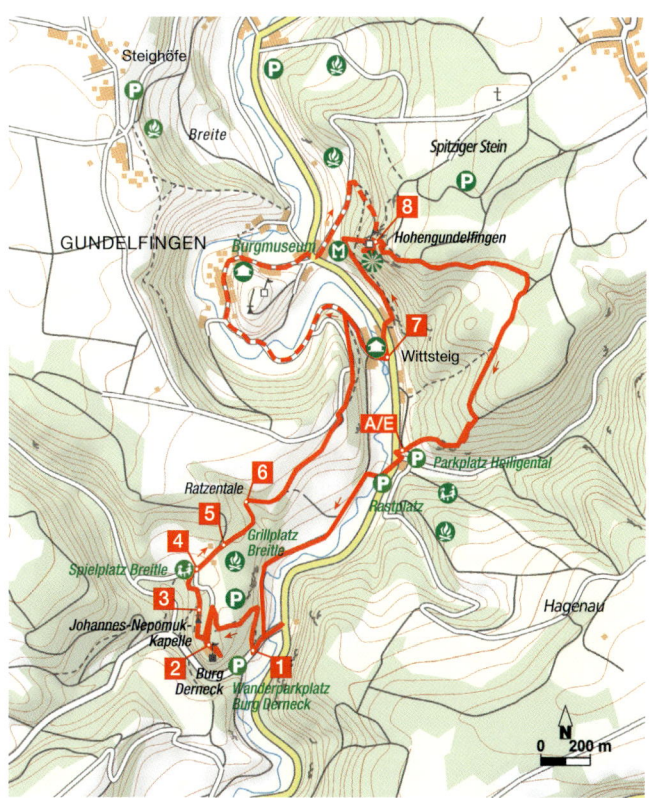

und Burgschänke eingerichtet. Der Bergfried ist frei zugänglich.

Auf dem HW 5 Nach dem Burgbesuch bietet sich ein Abstecher zur ❸ **Johannes-Nepomuk-Kapelle** an, wo ein weiterer Rastplatz eingerichtet ist. Zurück auf dem Premiumwanderweg, verläuft dieser auf den nächsten Metern noch auf dem HW 5. Bei der nächsten Gabelung wandern wir jedoch geradeaus weiter. Es ist ein kurzer Abschied, denn am Waldrand treffen wir erneut auf den HW 5. Rechts ginge es zurück zur Derneck, links biegen wir ab, sodass wir über den Wegweiser ❹ **Spielplatz Breite** zum ❺ **Grillplatz Breite** gelangen. Ab dort leiten uns die Markierungen des Rundwanderwegs sowie der »Rote Balken« des HW 5 durch die bewaldete Kernzone Tiefental des Biosphärengebiets Schwäbische Alb bis zum Wegweiser ❻ **Ratzentäle**, wo wir

Blick vom Burggarten zum Bergfried der Hohengundelfingen (links), obere Plattform im Bergfried der Derneck (rechts)

rechts abbiegen. Nach einem weiteren Waldstreifen öffnet sich die Sicht wieder über das Große Lautertal. Wo unser Weg beim Wegweiser östlich Herrenhau in einen breiteren mündet, orientieren wir uns schräg rechts und folgen der Beschilderung durch den Wald hinunter ins Tal. Dort angekommen, biegen wir rechts auf den Häldelesweg nach ❼ **Wittstaig** ein.

Aufstieg zur Burg Hohengundelfingen Sowie uns der Häldelesweg über die Große Lauter an die Kreisstraße führt, gehen wir zunächst links bis zum Landhotel und Gasthof Die Wittstaig, um dort umsichtig die Kreisstraße zu überqueren. Erst zwischen zwei Häusern hindurch, dann über mehrere Kehren führt uns dort ein angenehm zu gehender Waldpfad an mystisch anmutenden Felsformationen sowie einer Felsnadel vorbei zur ❽ **Burg Hohengundelfingen**. Für den Besuch der Ruine sollten wir ruhig ein ordentliches Zeitpolster einplanen.

Steinschlag- und Felssturzgefahr

Beim Einstieg auf den Pfad hoch zur Hohengundelfingen warnt ein Schild vor erhöhter Steinschlag- und Felssturzgefahr. Die vor Ort angegebene alternative Route führt von Wittstaig über den Häldelesweg sowie um die Burgruine Niedergundelfingen herum nach Gundelfingen. Jenseits der Kreisstraße erfolgt dann der relativ steile Aufstieg über den Hohengundelfinger Weg. Nach 300 m entlang der engen und auch von Kraftfahrzeugen genutzten Straße gelangt man rechts über den HW 5 zur Burgruine.

Loge über dem Großen Lautertal Der Zugang in die erstmals 1105 in Zusammenhang mit einem Swigger von Gundelfingen genannten Burg erfolgt über die nordöstliche Ecke, wahlweise rechts über den Vorhof oder geradeaus durch den Oberen Burggraben bzw. der Burggrabensteige. Sehenswert ist der obere Burggarten, der über Treppen mit dem Haus im Burggraben, dem nördlich an-

grenzenden Burghof und dem westlich exponierten Frauenhaus verbunden ist. Dieser Bereich ähnelt heute einer Loge über dem Tal der Großen Lauter. Über mehrere zerklüftete Felsen blicken wir hinab auf die Ruine Niedergundelfingen. Folgen wir den Flussschlingen der Großen Lauter, ist in der Ferne sogar der Bergfried der Burg Derneck auszumachen. Zuletzt bietet die Burg Hohengundelfingen selbst etliche Ecken, die für schöne Erinnerungen wie gemacht zu sein scheinen.

Die von duftendem Mädesüß gesäumte Große Lauter (links), Abendstimmung an der Burg Hohengundelfingen (rechts)

Zurück ins Heiligental Nach dem Burgbesuch trennen sich die Wege: während der HW 5 nach Norden schwenkt, wechseln wir beim Wegweiser oberhalb der Burg rechts auf den Pfad Richtung Parkplatz Heiligental. Damit überqueren wir die Lichtung, tauchen wieder in den Wald ein und biegen beim Pfadende rechts auf den Forstweg ab. Bei der T-Kreuzung halten wir uns links, um anschließend bei beiden Wegweisern südlich Breite jeweils rechts abzubiegen und der inzwischen vertrauten Markierung des Premiumwanderwegs wieder hinunter zum **❺ Parkplatz Heiligental** zu folgen.

Wiederaufbau der Burg Hohengundelfingen

Nachdem die Hohengundelfingen im 15. Jahrhundert aufgegeben wurde, nagte auch hier der Zahn der Zeit an dem Gemäuer und brauchbare Steine wurden entwendet. Das Schicksal wendete sich 1939, als Hans Römer die Burg kaufte. Nach ersten Ausgrabungen im Jahr 1949 wurde der Bergfried ausgegraben und wieder ergänzt. Nach der Freilegung der Palastgrundmauern erfolgte deren Sicherung und Wiederaufbau. 1965 wurden die großen Arbeiten mit der Konservierung des Frauenhauses, der Anlage von Treppen sowie der Planierung der beiden Burggärten abgeschlossen. Nicht gefunden wurde indes eine unterirdische Verbindung, die von hier zur Niedergundelfingen geführt haben soll, siehe auch www.hohengundelfingen.de.

24

Gerberhöhle und Ruine Wartstein

Kunterbunt durchs Große Lautertal

schwer 11,2 km 400 Hm 3.30–4.00 Std.

Tourencharakter
Sowohl der Abstieg zur Gerberhöhle als auch der Aufstieg zur Wartstein erfordern ein hohes Maß an Trittsicherheit. Wer diese beiden Abschnitte sowie auch die Maisenburg auslässt und sich auf die Abschnitte im Lautertal konzentriert, kann die Runde zu einem gemütlichen Spaziergang umgestalten.

Ausgangspunkt/Endpunkt
Wanderparkplatz Anhausen, 576 m

Höchster Punkt
oh. Gerberhöhle, ca. 670 m

Anfahrt
GPS 48.2855, 9.5005
Pkw: Von der B 311 oder B 312 bei Zwiefalten bzw. Obermarchtal abfahren und der Beschilderung über Hayingen und Indelhausen nach Anhausen folgen. Ab Anhausen erfolgt die Zufahrt zum Parkplatz über die St.-Ursula-Str. und den Schülzburgweg, bei der Ölmühle rechts abbiegen. Von Nordosten ist die Anfahrt wie bei Tour 23 über Gundelfingen möglich.
Bus & Bahn: —

Einkehr
Minigolfanlage und Gastronomie in Anhausen

Beste Jahreszeit
April bis Oktober

Informationen
Touristinfo Hayingen,
Tel. 07386/97 52 46,
www.naturerlebnis-hayingen.de

»Ist das dein Ernst?« Ungläubig blickt Annette auf unsere Arbeitskarte. Anders als die Abbildung im Buch besitzt diese keine Richtungspfeile. In welche Richtung es losgeht, lässt sich allenfalls erahnen – ist aber auch nebensächlich. Hier ergeben mehrere Sehenswürdigkeiten ein wanderbares Potpourri, das sich nach Belieben auf- und einteilen lässt.

Auf dem Burgenweg Als Startpunkt haben wir den Ⓐ **Wanderparkplatz Anhausen** gewählt. Außer einer Übersichtskarte finden wir gleich nebenan einen weitläufigen Rastplatz. Für den ersten Teil der Wanderung wenden wir diesem den Rücken zu und folgen dem auch als HW 5 markierten Schotterweg in nördlicher Richtung zur nahen Klär- und Trocknungsanlage. Wer besser bergauf steigt, kann dort gerne links abbiegen und den direkten Weg zur Gerberhöhle nehmen. Ansonsten bleiben wir auf dem HW 5 und folgen der Beschilderung Richtung Indelhausen. Zur Orientierung hilft auch die Beschilderung des Burgen-Wegs Neckar-Donau. Nachdem wir ein Kreuz passiert haben, endet unser Weg bei einem zweiten, etwas größerem Kreuz. Der HW 5 setzt sich leicht nach rechts versetzt fort und führt nach Anhausen, wo wir links auf den Burghaltenweg einbiegen und an der ❶ **Minigolf-Anlage** vorbeikommen. Gleich danach geht es um einen Felsen herum beziehungsweise entlang der Lauter bis zum Friedhof.

Ringwall und Gerberhöhle Hier trennen sich die Wege: Während der HW 5 und der Burgenweg rechts zur Burg Derneck abbiegen, wechseln wir geradeaus auf den mit »Gelber Gabel« markierten Nebenwanderweg. Dieser trifft bald auf den Ringwallweg, dem wir durch eine weite Linkskurve bis zu einem Bildstock folgen. Dort biegen wir links ab, kreuzen am Waldrand den äußeren Ringwall. Sowie wir einen zweiten keltischen Wall gequert haben, geht es rechts zur ❷ **Gerberhöhle**. Der Abstieg zu den Löchern und Höhlen ist mit Drahtseilen gesichert, erfordert etwas Geschick, lohnt aber. Unterhalb der Höhlen nutzen wir anschließend links den wieder breiteren Weg zurück zur Kläranlage.

Auf die Maisenburg Für die zweite Minirunde laufen wir um die Trocknungsanlage herum und nehmen den mit »Rotem Winkel« markierten

Rechte Seite: Auch Kreuze und Bildstöcke helfen bei der Orientierung (links). Zugang in die Gerberhöhle (rechts)

Pfad hoch in den Wald. Nach rund 200 Metern halten wir uns zunächst links und laufen um die Burgmauer herum zum Eingang der ❸ **Burgruine Maisenburg**. Die ältesten Teile der Burg lassen sich auf die Zeit um 1100 datieren, ihr heutiger Grundriss mit rechtwinkliger Ummauerung deutet jedoch auf einen umfangreichen Umbau im 13. und 14. Jahrhundert hin. Während die Vorburg aufwendig saniert wurde und bis heute als Festsaal sowie für Ferienwohnungen genutzt wird, machte die 1820 aufgegebene Hauptburg bei unserem Besuch einen verwilderten Eindruck. Das Rondell außerhalb der Mauer bietet sich jedoch für eine Pause mit Blick über das Große Lautertal an, bevor wir auf demselben Weg zum letzten Abzweig zurückkehren und geradeaus weiter über den Parkplatz auf den HW 2 gelan-

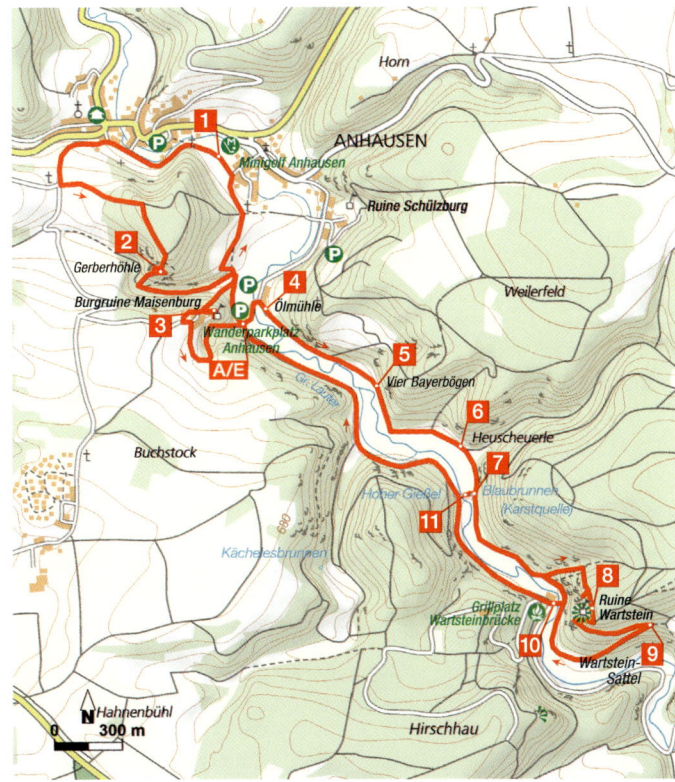

Gerberhöhle

Über die Gerberhöhle berichtete die katholische Pfarrei Hayingen 1825 von armdicken, eisernen Haken, in welche eiserne Türen eingehängt waren. Ging man hinein, käme man auf der Inselhauser Seite an die Lauter. Auch sollen mitten im Berg Steinstiegen bis an die Lauter und hoch auf die Ebene des Berges geführt haben. Ähnliches berichtet eine Sage, laut der eine Gans, die in das Gerberloch gefallen war, unten an der Lauter zurück ans Tageslicht gefunden haben soll. In Kriegszeiten haben immer wieder Menschen Zuflucht in der Gerberhöhle gesucht. Sie führt heute etwa 30 Meter in den Berg hinein, wo sie sich zu einem niedrigen, nicht begehbaren Schlupf verengt.

gen. Links ab führt uns dieser auf dem Grasweg zwischen dem Hofgut Maisenburg und dem landwirtschaftlichen Weg hindurch in den Wald und wieder hinunter zum Wanderparkplatz.

Unter den Bayerbögen zum Blaubrunnen Der dritte Teil unserer Wanderung führt uns am Rastplatz vorbei und über die Große Lauter zur ❹ **Ölmühle**. Von der heute als Selbstversorgerhaus geführten Ferienunterkunft folgen wir dem Lauf der Großen Lauter sowie auch dem Burgenweg an den ❺ **Vier Bayerbögen**, mehreren kleineren Höhlen und dem Schwarzlochfelsen vorbei zum ❻ **Heuscheuerle**, einem Felsendach mit darüberliegender Höhlenruine. Wenige Schritte weiter lohnt sich ein Abstecher zur ❼ **Karstquelle Blaubrunnen** sowie ans Ufer, wo uns ein erster Blick auf den Wasserfall Hoher Gießel erwartet.

Blick in die nur schwer zugängliche Ruine Maisenburg

Ruine Wartstein Zurück auf dem Wanderweg zweigen wir beim Wegweiser Unterm Gemsfels links ab und steigen auf dem HW 5 hinauf zum Gemsfels. Bei dem mit Weißer Fetthenne bewachsenen Felskopf liegt die Große Lauter bereits tief unter uns. An einer zweiten Felskanzel vorbei erreichen wir schließlich die ❽ **Ruine Wartstein**. Der Zugang auf den turmartigen Bau – hierbei handelt es sich um eine massive, zwölf Meter hohe Schildmauer – erfolgt über eine außen angebrachte Wendeltreppe. Oben angelangt, liegt uns die von bewaldeten Hügeln umrahmte Große Lauter zu Füßen. Für den späteren Abstieg laufen wir links um den Pseudo-Bergfried herum und folgen den kurzen Kehren hinunter zu einem größeren Mauerrest und von dort zum ❾ **Wartstein-Sattel**, wo wir rechts abbiegen.

Jenseits der Großen Lauter bilden die Bayerbögen eine markante Felsformation.

Finale an der Großen Lauter Der im oberen Bereich noch breite und angenehm zu gehende Waldweg verjüngt sich in einer weiten Rechtskurve und wird unten von aufkommenden Hochstauden wie auch Brennnesseln eingeengt. Sowie wir nach 700 Metern den Talgrund wieder erreicht haben, ist der weitere Rückweg dafür umso leichter. Dieser führt uns über die große Lauter zum ❿ **Grillplatz Wartsteinbrücke** und ab dort mit der »Roten Gabel« Richtung Hayingen zum Wasserfall Hoher Gießel. Die restliche Strecke zurück zum **Ⓔ Wanderparkplatz Anhausen** eignet sich dann zum gemütlichen Auslaufen.

Wartstein

Die Anfänge der Burg Wartstein reichen bis ins 12. Jahrhundert zurück. 1185 wurde erstmals eine »comes de Wartstein« urkundlich erwähnt. Nachdem Heinrich von Wartstein am 5. März 1392 die Burg an die Herzöge Stephan, Friedrich und Johann von Bayern verkauft hatte, erfolgte im Jahr 1394 ein bedeutender Ausbau. Im Juli 1495 wurde die Burg Wartstein wie auch die benachbarte Burg Monsberg zerstört.

25 Auf dem Burgfelsenpfad

Ehemaliges Burgentrio im Großen Lautertal

mittel/schwer · 6,9 km · 180 Hm · 2.30 Std.

Tourencharakter
Bis auf den Anstieg zur Wartstein technisch eher leichte bis mittelschwere Wanderung entlang der Lauter sowie auf Waldpfaden. Wer die Burg über die Verbindung von Tour 24 auslässt, kann auch diese Runde deutlich entschärfen.

Ausgangspunkt/Endpunkt
Wanderparkplatz Anhausen, 576 m

Höchster Punkt
oh. Gerberhöhle, ca. 670 m

Anfahrt
GPS 48.2650, 9.5399
Pkw: Von der B 312 Meßkirch-Ehingen (Donau) bei Obermarchtal abfahren und der Beschilderung über Hayingen nach Unterwilzingen folgen. Die Zufahrt zum Parkplatz erfolgt über die Lindenbühlstraße.
Bus & Bahn: ——

Einkehr
Auf der Strecke keine, mehrere Rast- und Grillplätze

Beste Jahreszeit
März bis Oktober

Informationen
Touristinfo Hayingen,
Tel. 07386/97 52 46,
www.naturerlebnis-hayingen.de

Der rund sieben Kilometer lange Burgfelsenpfad führt uns in ein Naturparadics im Biosphärengebiet Schwäbische Alb. Da weite Teile des Weges von bewaldeten Hügeln gegen die umliegenden Straßen abgeschirmt werden, können wir hier in Ruhe durchatmen und uns ganz auf die vielfältige Kulturlandschaft einlassen.

Vom Ausgangspunkt zum Startpunkt Der Zugang auf den Burgfelsenpfad erfolgt ab **Ⓐ Unterwilzingen**. Vom Parkplatz aus gesehen gehen wir vor zum Grillplatz an der Großen Lauter, überqueren die Kreisstraße und folgen dem ebenen Fußweg bzw. HW 5 zur **❶ Lauterbrücke Unterwilzingen**. Erst dort – abseits jedweder Anreisemöglichkeit – befindet sich der offizielle Startpunkt des Burgfelsenpfads. Er ist in beide Richtungen gut beschildert, sodass es keine große Rolle spielt, in welche Richtung wir ihn wandern. Um nicht später über den Gemsfels hinunterkraxeln zu müssen, empfehlen wir, die Runde im Uhrzeigersinn zu wandern.

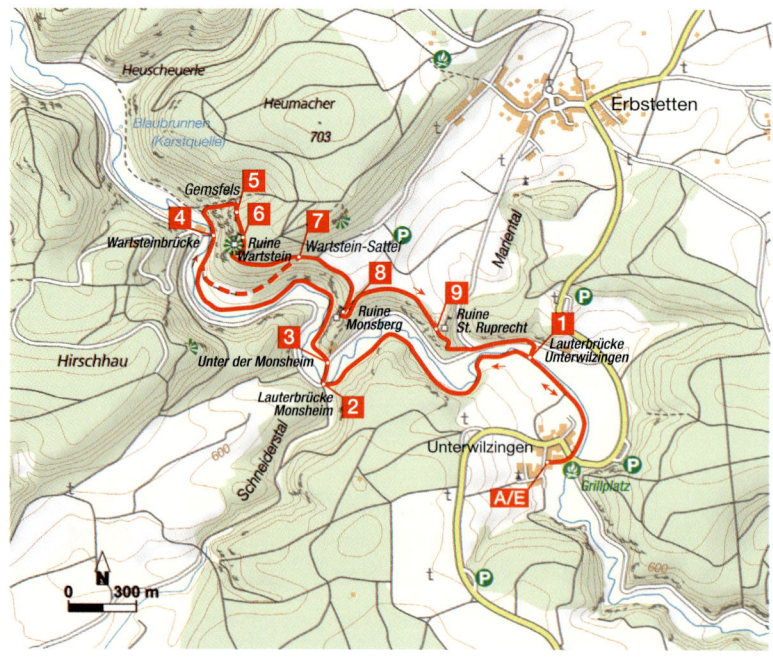

Über den Talweg zur Wartstein So gehen wir geradeaus weiter dem Lauf der Großen Lauter entgegen. Sowie wir den Schneiderstalbach gekreuzt haben, wechseln wir bei der ❷ **Lauterbrücke Monsheim** auf die andere Flussseite, um einen Steinwurf weiter beim Wegweiser ❸ **Unter der Monsheim** links abzubiegen. Der Wanderweg führt uns auf dem nächsten Abschnitt bis an die Felsen heran und verläuft im weiteren zwischen dem Wald und der Lauter. Zwischen dem Wegweiser Unterm Wartstein, Abzweig Erbstetten und der ❹ **Wartsteinbrücke**, vereint sich die Tour 24 erstmals mit unserer. Für den Burgfelsenpfad lassen wir die Brücke jedoch links liegen, treffen nach der nächsten Kurve erneut auf die Tour 24 und steigen schließlich rechts über den ❺ **Gemsfels** hinauf zur ❻ **Ruine Wartstein**.

Monsberg und Ruprecht Bis zum ❼ **Wartstein-Sattel** entspricht unser Weg noch der Tour 24. Bei dieser Runde jedoch laufen wir bei der Kreuzung geradeaus weiter und erreichen als Nächstes die ❽ **Ruine Monsberg**. Von der Ruine sind ein größerer Mauerrest, Teile eines Kellergewölbes und eines Halsgrabens erhalten. Im Anschluss biegen wir links auf den anfangs ansteigenden Pfad ab. Dieser beschreibt einen weiten Rechtsbogen und führt uns im Abstieg an der ❾ **Ruine St. Ruprecht** vorbei. Sie erstreckte sich einst auf einer Fläche von 80 auf 50 Meter. Bis auf einen Halsgraben sind im Gelände jedoch nur wenige Mauerreste zu finden. Wo wir unterhalb der Ruine wieder aus dem Wald herausfallen, nutzen wir links den Radweg zum Lautersteg bzw. der ❶ **Lauterbrücke Unterwilzingen**. Der weitere Rückweg nach Ⓐ **Unterwilzingen** ist vom Hinweg bekannt.

Mauerrest unterhalb der Ruine Wartstein

Aus zwei mach' eins

Der Burgfelsenpfad überlagert sich im Bereich der Wartstein mit unserer Tour 24. Wer gerne etwas länger unterwegs ist, kann damit beide Wanderungen miteinander verbinden. Wird es dann doch etwas zu lang, lässt man einfach eine oder auch beide kurzen Runden der Tour 24 zur Gerberhöhle und auf die Maisenburg weg. Zugleich ist es durch die Verbindungen möglich, diese Tour zu einer reinen Talwanderung umzugestalten.

ACHTUNG WANDERER!

Hohe Schwabenalb und Oberes Donautal

Aussicht vom Eichfelsen über das Obere Donautal (oben links). Gegenseitige Rücksichtnahme ist eine tolle Sache (oben rechts). Kloster Beuron liegt inmitten einer Flussschlaufe der Donau (unten links). Maulwurfperspektive auf die Hohenzollern (unten rechts).

26

Hohenzollernrunde

Das Märchenschloss von Friedrich Wilhelm IV.

mittel   6,8 km   320 Hm   2.30 Std.

Tourencharakter
Der Rundweg nutzt überwiegend bequem zu wandernde Waldwege und Pfade. Der Abstieg beim Gedenkstein erfordert Trittsicherheit, kann aber über die für den öffentlichen Verkehr gesperrte Zufahrt der Burg locker umgangen werden.

Ausgangspunkt/Endpunkt
Parkplatz Zimmern, 567 m

Höchster Punkt
Burg Hohenzollern, 855 m

Anfahrt
GPS 48.3191, 8.9521
Pkw: Die Anfahrt erfolgt über die B 27 Tübingen-Balingen. Bei Ausfahrt Hechingen Süd nach Wessingen abfahren und der Beschilderung nach Zimmern folgen. Die Zufahrt zum Wanderparkplatz erfolgt über die Zellerhornstraße.
Bus & Bahn: Ab dem Bahnhof Bisingen bestehen Busverbindungen zur Haltestelle Zimmern Am Zollerberg direkt an der Strecke.

Einkehr
Café und Restaurant in der Burg Hohenzollern, täglich ab 11 Uhr, Snacks und Getränke im Burg-Laden P1, täglich ab 9 Uhr

Beste Jahreszeit
April bis Oktober

Informationen
Burg Hohenzollern, Tel. 07471/ 24 28, www.burg-hohenzollern.com

Durch ihre Lage auf einem Bergkegel direkt vor dem Albtrauf wirkt die Burg Hohenzollern wie aus einem Bilderbuch hierher versetzt. Tatsächlich ist es die bereits dritte Burg auf diesem Zeugenberg. Sie entstand auf Wunsch des späteren Königs Friedrich Wilhelm IV., nachdem er einen märchenhaften Sonnenuntergang auf einer der alten Bastionen erlebt hatte.

Besser mit der Uhr Vom **A Parkplatz Zimmern** führt die Hohenzollernrunde in beide Richtungen zur Burg Hohenzollern. Wer die Wanderung mit einem Burgbesuch verknüpfen möchte, sollte diese jedoch im Uhrzeigersinn wandern. Also kehren wir auf der Zufahrt bzw. Zellerhornstraße zurück nach Zimmern. Bei der Bushaltestelle biegen wir rechts ab und nehmen die Straße Am Zollerberg hoch zum oberen Ortsrand. Dort biegen wir beim kleinen Wanderparkplatz erst rechts, 200 Meter weiter links ab und folgen dem sachte ansteigenden Weg um einen Wegzipfel zu einem sehr schön gelegenen **1 Rastplatz**. Direkt danach biegen wir links ab und laufen weiter bergan auf die **2 Zimmerner Halde**.

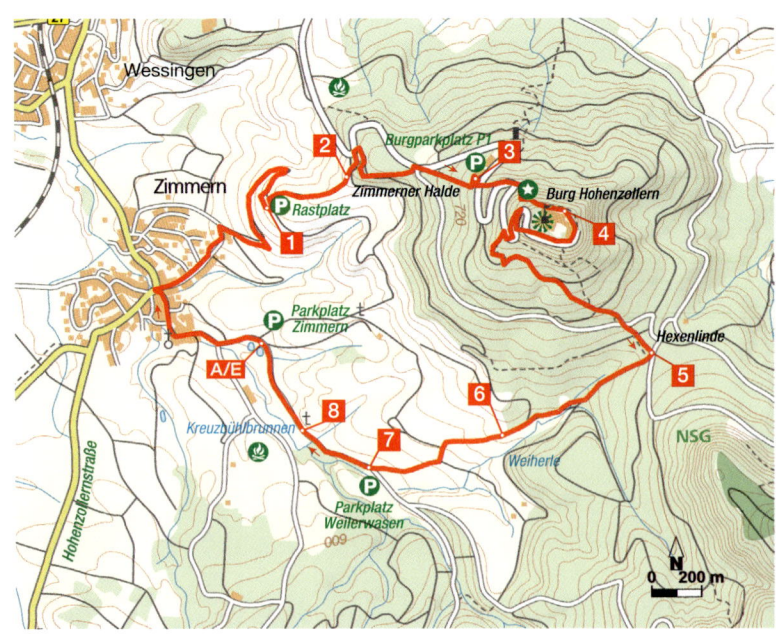

Wie ein Märchen-schloss thront die Burg Hohenzollern auf einem Bergkegel.

Tickets nicht vergessen Bei dem weitläufigen Rastplatz kreuzen wir den Kaiser-weg und folgen dem Wappen der Hohenzollern wie auch der Markierung »Gelber Ring« über den Unteren Parkplatz zum ➌ **Burgparkplatz P1**. Die Eintrittskarten für die Burg sind im Burgladen erhältlich. Daneben haben wir die Wahl: Wer sich den Anstieg hoch zur Burg sparen möchte, kann auf den gebührenpflichtigen Pendel-bus umsteigen. Als Wanderer nehmen wir indes den auch vom Main-Neckar-Rhein-Weg (HW 3) genutzten Treppenweg zur Bushaltestelle Untere Kehre und weiter steil bergan zur ➍ **Burg Hohenzollern**.

Wandern ist kein Hexenwerk Nach dem Burgbesuch nutzen wir für den Abstieg die Zufahrt bis hinter die zweite Kehre, um beim Wegweiser »Denkmal« auf den Wander-weg zur Hexenlinde zu wechseln und circa 150 Meter weiter links abzubiegen. Immer noch auf dem HW 3 kreuzen wir im Abstieg mehrere Forstwege – beim oberen setzt sich der Wanderweg leicht nach links ver-setzt fort – eh wir bei der ➎ **Hexenlinde** an-kommen. Bei dem noch jungen Baum biegen wir rechts nach Zimmern ab, verlassen damit den HW 3 und wandern mit der »Blauen Ga-bel« weiter bergab. Sowie wir den Wald hin-ter uns zurücklassen, besteht bei der T-Kreu-zung ➏ **Weiherle** rechts eine Verbindung zur Zimmerner Halde. Geradeaus öffnet sich nochmals eine schöne Sicht auf die Burg Hohenzollern, ehe auch wir rechts abbiegen. Auf dem letzten Abschnitt passieren wir den ➐ **Parkplatz Weilerwasen**, ehe wir am ➑ **Kreuzbühlbrunnen** vorbei zurück zum ➒ **Parkplatz Zimmern** gelangen.

Die Sage vom Zauberross

Als Graf Friedrich von Zollern auszog, die Welt zu er-kunden, brachte ihn das Schicksal um alles, was er bei sich trug. In bitterer Armut kam ihm der Teufel zu Hilfe und schenkte ihm ein Zauberross. Eine Bedingung je-doch stellte er: Abends musste er es immer gen Westen stellen. Tatsächlich erreichte der Graf mit dem Ross jedes Ziel, nach dem ihm der Sinn stand. Die Über-raschung folgte nach seiner Rückkehr, als ihm sein Stallmeister das Verschwinden des Pferdes mitteilte. Anstatt zu fluchen, nahm es der Graf ruhig zur Kennt-nis. Da standen auf einmal drei Prinzessinnen vor dem Tor und dankten ihm: Weil ihn der Verlust nicht reute, hatte er sie von einem bösen Zauber befreit.

27

Zu den Ruinen von Burladingen

Über das Titusenköpfle zur Hohenringingen

mittel   11,5 km   360 Hm   3.30 Std.

Tourencharakter
Nach dem ersten Anstieg zur Hochwacht gut zu wandernde Runde, die im Bereich des Kreuzfelsens und im Abstieg zur Ruine Ringelstein Trittsicherheit erfordert. Schön gelegener Grillplatz bei der Ruine Hohenringingen.

Ausgangspunkt/Endpunkt
Bahnhof Burladingen, 730 m

Höchster Punkt
Titusenköpfle, 899 m

Anfahrt
GPS 48.2899, 9.1131
Pkw: Die Anfahrt erfolgt über die B 32 Hechingen-Gammertingen bis Burladingen, im Ort beim Rathaus zum Bahnhof abbiegen. Parkmöglichkeiten bestehen jenseits der Gleise beim Friedhof sowie im Schulzentrum oberhalb der Ambrosius-Heim-Straße.
Bus & Bahn: Ab Hechingen und Gammertingen bestehen Busverbindungen zum Bahnhof in Burladingen.

Einkehr
Auf der Strecke keine, Gastronomie in Burladingen

Beste Jahreszeit
Mai bis Oktober

Informationen
Touristinformation Burladingen-Melchingen, Tel. 07475/89 20, www.burladingen.de

Nach dem ersten Anstieg zur Hochwacht, der ehemaligen Burg Hohenburladingen, führt uns diese Runde über das Titusenköpfle zu den Resten der Ruine Ringelstein. Danach nehmen wir Kurs auf den Nähberg, wo uns der Turm der Ruine Hohenringingen den Ort Ringingen und die von Feldern geprägte Hochfläche zu Füßen legt.

Aufstieg zum Höllloch Ab dem ❶ **Bahnhof von Burladingen** nutzen wir den Zuweg vom Kreuzfelsenweg. Damit gehen wir in westlicher Richtung vor zur Ambrosius-Heim-Straße, rechts über den Bahnübergang und bei der Linkskurve der Ambrosius-Heim-Straße geradeaus weiter an den Schulen und einigen Parkmöglichkeiten vorbei an den Waldrand. Ab dort wandern wir die Runde im Uhrzeigersinn, folgen also dem ❶ **Kreuzfelsenweg** am oberen Stadtrand bis zum Wegweiser ❷ **Abzweig Kreuzfelsenpfad**. Scharf links, dann rechts abknickend, führt uns der Waldpfad steil bergan in den Wald und durch eine weite Linkskurve zum ❸ **Höllloch**. Als Besonderheit der im vorderen Bereich leicht zugänglichen Höhle wurden hier mehrere Funde aus der späten Keltenzeit gemacht. Am Ende der vorderen Höhlenkammer schließt sich ein Gang an, der über eine anderthalb Meter hohe Felsbarriere in die Höllensteinkammer führt.

Hochwacht und Kreuzfelsen Von der Karsthöhle führt der Wanderweg zunächst in südlicher Richtung, dann in einem Bogen hoch auf den Standort der ❹ **Hochwacht**. Von der auch Hohenburladingen genannten Burg sind nur klägliche Reste des Bergfrieds erhalten. Keramikfunde auf dem Bergsporn deuten auf eine Entstehung in der ersten Hälfte des 12. Jahrhunderts hin. Gestützt wird dies durch einen Konrad von Burladingen, der im Jahr 1140 urkundlich erwähnt wird. Ebenso liegt das Ende der Hochwacht im Dunkeln. Auch hier weisen Lesefunde auf die Zeit um 1300 hin. Warum die Festung aufgegeben wurde, ist nicht überliefert. Unterhalb der Burg eröffnet uns der ❺ **Kreuzfelsen** eine schöne Sicht über Burladingen und nach links ins Tal der Fehla.

Die Alpen im Blick Als Nächstes führt uns der Kreuzfelsenweg wie auch der Hohenzollernweg erst kurz in westlicher Richtung, dann

Rechte Seite: Blick aus dem Höllloch

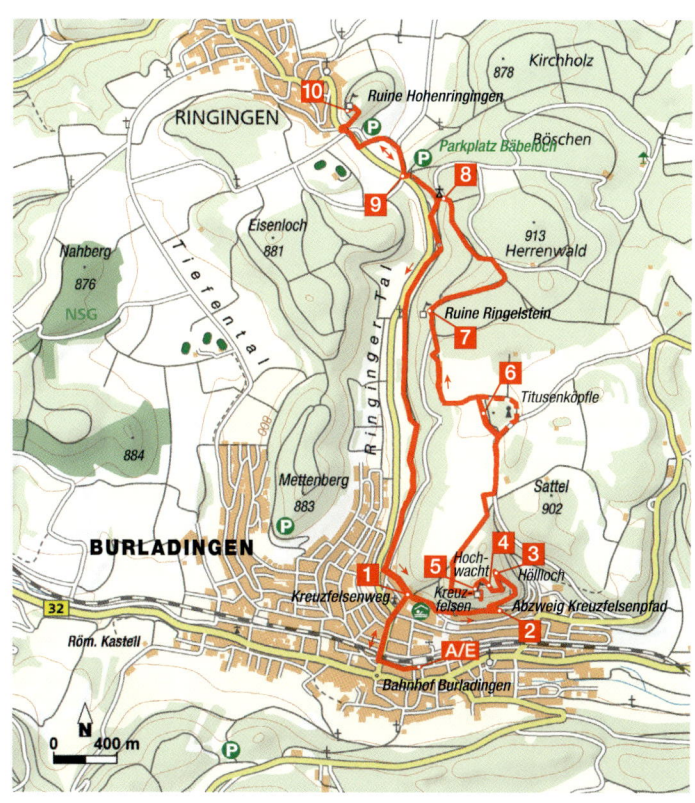

nach Norden auf das ❻ **Titusen-köpfle**. Noch vor Jahren war es möglich, von dem Aussichtsberg bis zu den Turmspitzen der Burg Hohenzollern zu schauen. Inzwischen aber versperrt der Wald diese Sichtachse. Wohl aber lohnt sich bei günstiger Witterung ein Abstecher zum Alpenblick, wo dann in der Ferne die Allgäuer Berge rund um Oberstdorf zu sehen sind. Von dem Aussichtspunkt führt eine Verbindung über die Ost- und Nordseite des Titusenköpfles zurück auf den Wanderweg. Ansonsten können wir uns beim Wegweiser Titusenköpfle Süd links halten, sodass wir entlang der Gehölzgruppe hoch zu einem Bildstock und einer Rastbank kommen. Weiter nördlich treffen beim Wegweiser Titusenköpfle Nord beide Varianten wieder zusammen.

Ruine Hohenringingen

Die auch als *Nähburg* bekannte Höhenburg wurde erstmals im Jahr 1180 in Zusammenhang mit Dietrich und Otte von Ringingen erwähnt. Bekannter ist sie jedoch durch den Ritter Heinrich von Killer, der sich als Söldner in Italien den Beinamen Affenschmalz erworben hatte und nach seiner Rückkehr als württembergischer Vogt in Ebingen lebte. Nach der Zerstörung im 15. Jahrhundert ist die Hohenringingen verfallen und wurde ab 1508 als Burgstall bezeichnet. Im Zuge der Flurbereinigung begann 1972 die Restaurierung der Burg.

Ruine Ringelstein Weiter geht es über die Hochfläche an den nahen Waldrand, wo der Wanderweg rechts abknickt und einen wettergeschützten Hochsitz passiert. Sowie wir wieder in den Wald eintauchen, mündet unser Weg in den breiteren Ringinger Haldeweg. Dann steht der nächste Abstecher an. Dieser führt uns links ein Stück weit den Hangwald hinunter bis zur ❼ **Ruine Ringelstein**. Von der im Volksmund als Aloisschlössle bezeichneten Festung sind einige Reste der Außenmauern des Donjons, einem als Wohnturm ausgebauten Bergfried, erhalten und Teile des Halsgrabens im Gelände zu erkennen. Vermutlich zur Mitte des 12. Jahrhunderts durch Anselm von Ringingen erbaut, war die Ringelstein Stammburg des Ritters von Killer, eh sie Ende des 14. Jahrhunderts aufgegeben wurde. Nach einer Sicherung der Ruine im Jahr 1932 ist das Gelände heute bewaldet.

Reste des Donjons zeugen von der Ringelstein (links). Aussichtsturm der Hohenringingen (rechts)

Intermezzo mit Abkürzmöglichkeit Zurück auf dem Ringinger Haldeweg, folgen wir diesem bis zu seinem Ende, wo wir links abbiegen. 150 Meter weiter wechseln wir bei der Verzweigung links auf den deutlich schwächer befestigten Waldweg. Wo dieser gut einen halben Kilometer weiter endet, orientieren wir uns abermals links, sodass wir um einen ❽ **Bildstock** mit zweigeteiltem Grabstein herumlaufen. Weiter bergab, ginge es beim Wegweiser Oberes Ringinger Tal scharf links auf dem Unteren Traufweg zurück nach Burladingen. Bevor wir diesen nutzen, folgen wir dem Schotterweg weiter bergab zum ❾ **Parkplatz Bäbeloch**.

Zur Ruine Hohenringingen Für den letzten und längsten Abstecher unserer Tour orientieren wir uns an der Markierung »Gelbes Dreieck«, welches uns ein Stück abseits der Straße bis zum Parkplatz unterhalb der Burg Ringingen führt. Von dort trennt uns nur noch ein kurzer Kraftakt hoch auf den Nähberg und zur ❿ **Ruine Hohenringingen**. Während auf dem ehemaligen Burggelände ein Rastplatz zum Verweilen einlädt, eröffnet uns der restaurierte Bergfried eine herrliche Sicht auf den Ort Ringingen und die Felder rund um den Kornbühl. Der spätere Rückweg erfolgt auf demselben Weg bis zum ❾ **Parkplatz Bäbeloch** und weiter geradeaus über den Unteren Traufweg zum ❶ **Kreuzfelsenweg**. Ab dort erfolgen die letzten Meter über den bereits bekannten Weg hinunter zum ❺ **Bahnhof von Burladingen**.

Der Wanderweg führt um diesen markanten Bildstock herum (links). Tagpfauenaugen zählen zu den Edelfaltern. Das »io« im faunistischen Namen *Aglais io* geht auf eine Geliebte des Zeus zurück.

28 Auf dem Felsenmeersteig

Böllat, Mammutbäume und Schalksburg

● 🥾 ⛰ 🕐 🚌
schwer 17,2 km 650 Hm 5.00–6.00 Std.

Tourencharakter
Vor allem durch die Führung über Eyachtal konditionell stark fordernde Wanderung. Im Bereich Felsenmeer ist Trittsicherheit erforderlich. Durch einige Verbindungswege lässt sich der Felsenmeersteig nahezu beliebig verkürzen und zugleich erheblich entschärfen.

Ausgangspunkt/Endpunkt
Wanderparkplatz Burgfelden, 905 m

Höchster Punkt
Heersberg (Nusshecke), 964 m

Anfahrt
GPS 48.2447, 8.9324
Pkw: Die Anfahrt erfolgt über die B 463 Balingen–Sigmaringen bis Dürrwangen oder Lautlingen, dann der Beschilderung Richtung Pfeffingen und Burgfelden folgen. Der Parkplatz befindet sich direkt am nördlichen Ortseingang.
Bus & Bahn: Ab Albstadt-Ebingen mit dem Anrufsammeltaxi bzw. Rufbus nach Burgfelden-Ortsmitte, Tel. 07471/93 50 50.

Einkehr
Zum Bergcafé, Mi–Sa ab 14 Uhr, So und feiertags ab 10 Uhr, www.bergcafe-burgfelden.de

Beste Jahreszeit
April bis Oktober

Informationen
Touristinformation Albstadt, Tel. 07431/160 12 04, www.albstadt-tourismus.de

Mit gut 17 Kilometern Länge zählt der Felsenmeersteig zu den anspruchsvollsten Touren in diesem Buch. Durch Verbindungswege lässt er sich jedoch gut in zwei Runden aufteilen, die jede für sich einiges zu bieten hat. Freuen wir uns also auf einen erfüllenden Ausflug in die Landschaft nördlich des Eyachtals.

Ungewohnte Route zum Böllat Der Ⓐ **Wanderparkplatz Burgfelden** befindet sich nahe am Albtrauf, sodass sich die Kante eigentlich in wenigen Minuten erreichen ließe. Dem zum Trotz folgt der Felsenmeersteig zunächst dem Schotterweg, um erst nach circa 450 Metern an mehreren landschaftsprägenden Kiefern vorbei an den Albtrauf zu wechseln. Dort biegen wir links auf den Albsteig ab und folgen diesem entlang des Hangwalds bis zum ❶ **Böllat**. Unweit des sonnig gelegenen Rastplatzes fällt an der gesicherten Geländekante der Blick nahezu senkrecht ins Wannental. Bei klarer Luft reicht der Blick nach Westen über Weilstetten bis an den Rand vom Schwarzwald sowie nach Süden bis zu den Alpen. Gegenüber erkennen wir den Turm der Schalksburg vor dem Eyachtal.

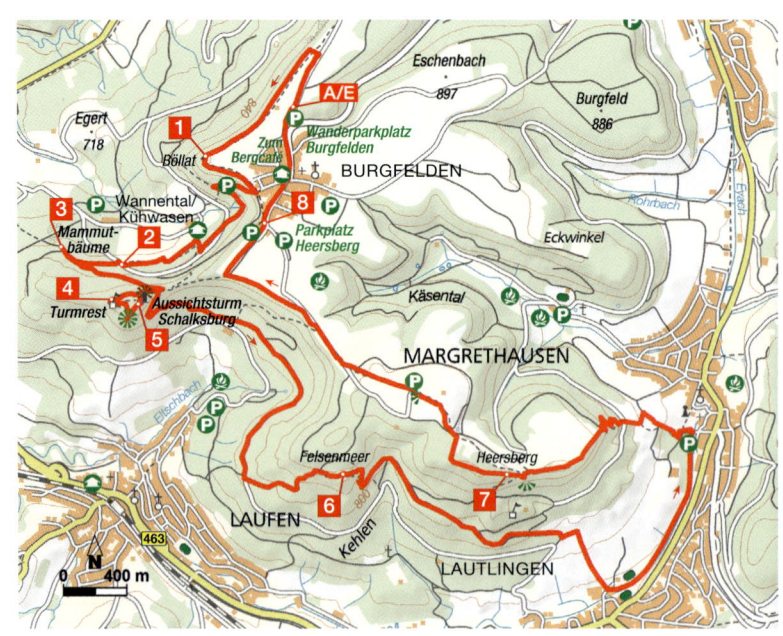

Dieser ist mit uns in etwa auf einer Höhe. Wer sich auf einen lockeren Spaziergang dorthin freut, wird durch den Felsensteig jedoch eines Besseren belehrt.

Durch das Wannental zu königlichen Riesen So vorgewarnt, verlassen wir den Böllat in südöstlicher Richtung und passieren eine Schautafel mit Infos über das Projekt Heuwiesen und die Wanstschrecke. Gleich danach tangieren wir den Ortsrand von Burgfelden, wo beim Wegweiser »Im Gäßle« Möglichkeiten zum Abkürzen sowie auch Aufteilen der Tour bestehen. Um auf dem Felsenmeersteig zu bleiben, biegen wir scharf rechts ab und folgen der Beschilderung auf wechselnden Wegen bis an den Waldrand oberhalb des Hofguts Wannental. Nach einer Passage am Waldrand tauchen wir wieder in den Wald ein und halten uns beim Wegweiser ❷ **Wannental/Kühwasen** links. In der nächsten scharfen Linkskurve bietet sich beim Wegweiser Schalksburgaufstieg ein Abstecher zu den ❸ **Mammutbäumen** an.

Auf der Schalksburg Zurück beim letzten Wegweiser passieren wir die Schalksbach-

Riesen-Mammutbäume der Wilhelma-Saat

· ·

1864 beauftragte König Wilhelm I. die Königliche Bau- und Gartendirektion damit, Samen des Riesen-Mammutbaums *(Sequoiadendron giganteum)* aus Nordamerika zu bestellen. Womöglich aus Unwissenheit, welch kleine Samen ein solch riesiger Baum hat, wurde ein Pfund bzw. 100 000 einzelne Samenkörner bestellt. Ab 1865/66 wurden die jungen Bäumchen in frostfreien Saatgärten verschult, eh sie ab 1870 auf ihre endgültigen Standorte verpflanzt wurden.

Quelle und gewinnen auf dem Schalksburgaufstieg rasch an Höhe. Oben auf dem Steinberg-Grat angelangt, halten wir uns zunächst rechts. Der Weg führt uns an einer Gedenkstätte vorbei und weiter entlang mehrerer Ringmauerreste zu einem ❹ **Turmrest** im nordwestlichen Burgbereich. Folgen wir dem Pfad weiter auf die Südseite des Burgbergs, liegen uns dort Laufen und das Eyachtal zu Füßen. Direkt südlich von uns erhebt sich die zu drei Seiten steil abfallende Felsbastion des Gräbelesbergs. In diesem Bereich befand sich die Kernburg des Alten Schlosses. Von der Südseite führt uns der Weg zum ❺ **Aussichtsturm der Schalksburg**. Er wurde Ende der 1950er-Jahre auf den Resten des alten Bergfrieds errichtet und eröffnet uns ein weiteres herrliches Panorama über das Albvorland, das Eyachtal und die Balinger Berge.

Im Felsenmeer Anschließend kehren wir zum Steinberg-Grat zurück und haben die Wahl: Geradeaus können wir nach Burgfelden abkürzen und die Wanderung zu einer gemütlichen Halbtagestour stauchen. Andernfalls biegen wir rechts ab und folgen den Wegmarkierungen des Steigs bergab über den Südhang des Steinbergs bis nahe Laufen bzw. dem dann noch 900 Meter entfernten Parkplatz Laufen und ab dort links zunächst über den Felsenmeerweg, dann auf wechselnden Pfaden ins abenteuerlich anmutende ❻ **Felsenmeer**. Der Abschnitt entlang der teils bizarren

Auf dem Böllat erwarten uns ein sonnig gelegener Rastplatz und eine weite Sicht nach Westen bis zum Schwarzwald.

Felstürme wird nur geübten Wanderern empfohlen, lässt sich aber südlich umgehen sowie alternativ auch über die Abkürzung nach Burgfelden auslassen.

Kurze Verschnaufpause unterhalb der Schalksburg (links), der heutige Aussichtsturm wurde 1957–59 errichtet.

Jojo ins Eyachtal Sowie wir wieder auf einen breiteren Weg treffen, führt der Felsenmeersteig auf erneut wechselnden Wegen, doch beständig bergab bis an den Ortsrand von Lautlingen. Wozu das gut ist, wissen wir nicht. Wohl aber treffen wir dort auf die Eyach, der wir bis Margrethausen entgegengehen, um zwischen einer Kneippanlage und dem ehemaligen Franziskanerinnen-Kloster links zum ➐ **Heersberg** abzubiegen und alles wieder bergauf zu steigen. Ab dort führt uns der Steig wieder sachte bergab auf die offene Hochfläche zu einem auch hier sonnenverwöhnten Rastplatz und ab dort am ➑ **Parkplatz Heersberg** vorbei nach Burgfelden. Wer mehr Glück (oder Geduld) als wir hat, findet dort im »Zum Bergcafé« Gelegenheit, den Ausflug mit einer Einkehr zu verbinden, ehe es zurück zum Ⓔ **Wanderparkplatz Burgfelden** geht.

Die Schalksburg und der Hirschgulden

Eine Sage führt den Namen der Burg auf einen von drei Brüdern zurück, der seinen Geschwistern gerne Streiche spielte, weshalb sie ihn als Schalk bezeichneten. Weil er ohne Kinder blieb, ließ er das Gerücht von seinem eigenen Tod verbreiten. Alsbald eilten seine Brüder herbei, um Anspruch auf das Erbe zu erheben. Im argen Streit miteinander verwickelt, fragten sie weder nach der Leiche ihres Bruders noch zeigten sie Trauer. Da trat plötzlich der Schalk in ihre Mitte und erklärte: »Jetzt kenne ich eure Gesinnung!« Als letzten Streich verkaufte er seine Burg mitsamt der Stadt Balingen heimlich an Württemberg – für einen einzigen Hirschgulden. Bekannt ist die Sage durch die Rahmenerzählung »Das Wirtshaus zum Spessart«. Dort lässt Wilhelm Hauff den Zirkelschmied von der Entstehung der Schalksburg erzählen.

Schlossfelsenpfad Albstadt

Über den Rossberg zu bizarren Felsschönheiten

mittel · 14,7 km · 370 Hm · 5.00 Std.

Tourencharakter

Der Schlossfelsenpfad nutzt überwiegend technisch anspruchslose Wege, Wald- und breite Wiesenpfade. Einzig die Zugänge auf die Felsen erfordern Trittsicherheit. Größere Abschnitte sind sehr sonnig, sodass ein entsprechender Schutz obligatorisch ist.

Ausgangspunkt/Endpunkt

Waldheim, 910 m

Höchste Punkte

Wildgehege, ca. 940 m
Schlossfelsenturm, ca. 940 m

Anfahrt

GPS 48.2210, 9.0381
Pkw: Die Anfahrt erfolgt über die B 463 Balingen–Sigmaringen bis Ebingen, in Ebingen über Karlsbrücke und Langwatte um die Altstadt herumfahren, weiter über die Bitzer Steige bis auf die Hochfläche, dort links zum Waldheim abbiegen.
Bus & Bahn: Ab Albstadt-Ebingen bestehen Busverbindungen zur Haltestelle Ebingen Süßer Grund. Ab dort bestehen Zuwege zu den Kreuzungspunkten der Runde mit der Landstraße.

Einkehr

Waldheim Biergarten, Mo–Sa ab 12 Uhr, So ab 10 Uhr, www.waldheim-ebingen.de, Gasthof Fohlenweide, Di–Mi & Fr–Sa ab 14 Uhr, So ab 11 Uhr, www.gasthof-fohlenweide.de

Beste Jahreszeit

Frühjahr und Herbst

Informationen

Touristinformation Albstadt, Tel. 07431/160 12 04, www.albstadt-tourismus.de

Rechte Seite: Die Schleicherhütte oberhalb von Albstadt-Ebingen

Bis der Schlossfelsenpfad seinem Namen gerecht wird, müssen wir uns gedulden. Zunächst führt uns die als Traufgang ausgewiesene Runde durch Buchenwälder und Weiden der Hochfläche. Umso mehr können wir uns nach dem Abstieg vom Rossberg über markante Felsformationen freuen.

Wacholderheide Böllen Der Einstieg in die Runde erfolgt beim Ⓐ **Waldheim** bzw. am Spielplatz vorbei zum Wegweiser beim Kletterpark. Rechts abzweigend folgen wir der Beschilderung Richtung Stählernes Männle zum ❶ **Wildgehege**. Geradeaus weiter kreuzen wir den Engesbochweg und haben 400 Meter weiter die Wahl: Wer die Tour abkürzen will, kann mit der Markierung »Gelbes Dreieck« geradeaus weitergehen. Wer dies macht, trifft nach wenigen Minuten wieder auf den Traufgang und hat gut drei Kilometer eingespart. Als Schlossfelsenpfad-Wanderer biegen wir indes links ab und folgen anschließend den Wegmarkierungen auf wechselnden Wegen über eine Wacholderheide sowie an einem sonnenverwöhnten Rastplatz vorbei auf den ❷ **Böllen**. Ab dort führt uns unsere Runde bergan in den Wald zum ❸ **Bernloch** und wieder zurück auf den mit einem »Gelben Dreieck« gekennzeichneten Wanderweg des Alb-Vereins.

Über das Stählerne Männlein zum Rossberg Erneut gut 400 Meter weiter trennen sich beide Wege bereits wieder. Während der Albwanderweg links Kurs auf Bitz nimmt, zweigen wir rechts ab. Abermals 400 Meter weiter führt der Traufgang links auf die von knorrigen Traufbuchen charakterisierte Anhöhe ❹ **Stählernes Männlein**. Sowie wir den Buckel wieder verlassen haben, kreuzen wir beim Parkplatz die Landstraße, wenden uns nach rechts und folgen der Beschilderung des Traufgangs an einer zweiten Abkürzungsmöglichkeit vorbei sowie durch den Wald zur Ferienanlage auf dem ❺ **Rossberg**. Kurz bevor wir diese erreichen, erinnert am Wegrand ein stark verwitterter Grenzstein an die historische Grenze zwischen Württemberg und Hohenzollern.

Felsen über der Schmiecha Rechts abbiegend kommen wir als Nächstes über die Wegweiser Tiefental Ost und West und weiter durch den Wald, dann links abknickend über offenes Gelände zum ❻ **Gasthof Foh-**

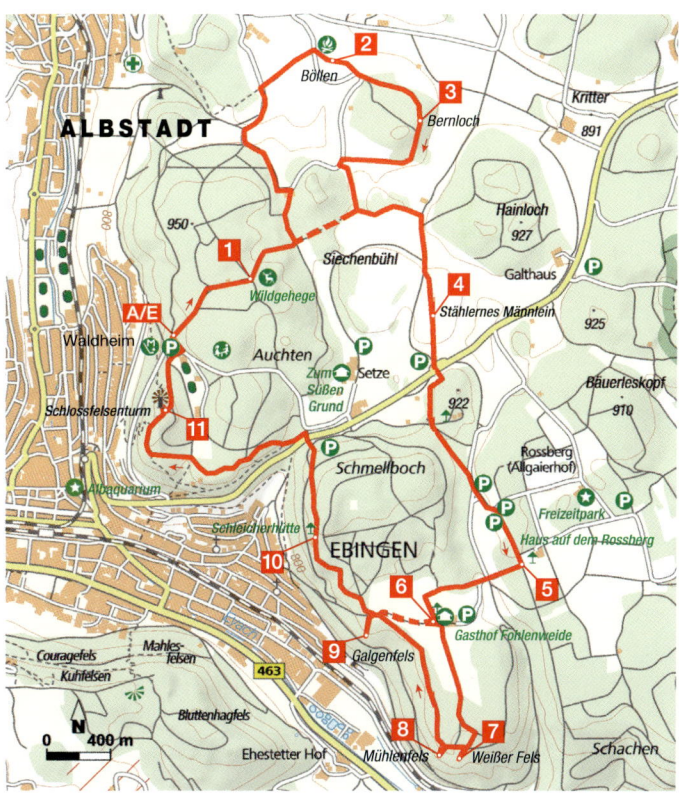

lenweide. Auch bei dem für seine Pferde, Ziegen und Nandus geliebten Gasthof ist es möglich, abzukürzen. Von den »Felsen« des Schlossfelsenpfads bliebe allerdings kaum etwas übrig. Besser orientieren wir uns südlich und nehmen den Umweg über den ❼ **Weißen Fels** zum ❽ **Mühlenfels**. Dort schließlich öffnet sich die Sicht über das Tal der Schmiecha auf Albstadt-Ebingen, leider aber auch auf die Kläranlage und ein flächenmäßig riesiges Holzlager direkt unterhalb des Felsens. So fällt der Abschied nicht schwer und wir folgen dem Weg schon bald weiter bis an sein nördliches Ende, wo wir links auf den Fohlenwiesweg einbiegen und einen Katzensprung weiter den Wegweiser »Hukelturensteige« erreichen. Dort bietet sich ein Abstecher auf den nahen ❾ **Galgenfels** an. Der Zugang

erfordert zwar Trittsicherheit, die Felskanzel bietet aber eine deutlich schönere Sicht als der Mühlenfels und lädt mit einer Albliege zum Verweilen ein.

Aussichtsloge Schleicherhütte
Zurück beim Wegweiser »Hukelturensteige« halten wir uns bei Eschle-Süd links und erreichen wenige Minuten später die ⑩ **Schleicherhütte**. Die erste auf dem vorspringenden Felsen errichtete Hütte entstand um 1900. Benannt ist sie nach dem Oberförster Rudolf Schleicher, der von 1902 bis 1911 das Ebinger Forstamt leitete. Nachdem die alte Hütte 1990 dem Orkan Wiebke zum Opfer fiel, errichtete das THW die heutige Hütte, in der wir uns wie in einer Loge hoch über der Stadt fühlen. Sobald wir wieder festen Grund unter den Füßen haben, passieren wir einen Steinwurf weiter

Himmelsliegen sind inzwischen häufig entlang der Wanderwege zu finden.

den Eschlefels. Danach führt uns der Schlossfelsenpfad wieder bergab durch den Wald an die L 449 bzw. Bitzer Steige.

Schlossfelsenturm Jenseits der Straße halten wir uns zunächst kurz rechts, nehmen dann aber die Kehre, ehe wir rechts auf den Alpenblickweg treffen. Die Aussichtspunkte auf dem hier jungen Wald sind zum Teil dem Buchenprachtkäfer geschuldet. 1948 hatte der metallisch glänzende Käfer den Südwesthang befallen, sodass die damals 120-jährigen Buchen gefällt werden mussten. Durch einige Anstrengungen gelang es in den 1950er-Jahren, die betroffene Fläche wieder aufzuforsten. Die Hauptfunktion des neuen Waldbestands ist es, die Bodenerosion einzudämmen. Wo unser Pfad anschließend auf den »Traufgängerle Hexenküche« trifft, biegen wir auf den oberen Weg links ab. Dieser verläuft erst in westlicher Richtung, schwenkt nach 300 Metern nach Norden und führt uns oberhalb der Hexenküche bis zum ⓫ **Schlossfelsenturm**. Folgen wir dem Aufgang um den Turm herum, eröffnet uns nochmals eine weite Sicht über Albstadt-Ebingen. Danach ist es nicht mehr weit bis zurück zum Ⓔ **Waldheim**, wo der Biergarten bei gutem Wetter wie gerufen kommt, um den Ausflug mit einer gemütlichen Einkehr ausklingen zu lassen.

Stummer Zeuge einer historischen Grenze (links), beim Weißen Stein erreichen wir den Albtrauf (rechts).

Linke Seite unten: Wanderweg über die Hochalb

Stählernes Männlein

Der Name geht auf einen »zum Schellen Mändlin« genannten Bildstock zurück, welcher im Mittelalter in diesem Bereich gestanden haben soll. Nach der Reformation ist der Bildstock zwar verschwunden, als Flurname blieb der Begriff jedoch erhalten. Der erste schriftliche Nachweis im Jahr 1583 nennt einen »Schellen Mändlin«. Später hat sich der Name zu »Stählernes Männlein« gewandelt.

30

Hörnle und Lochenstein

Höhen über dem Eyachtal

   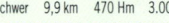
Tourencharakter

Die Aufstiege zum Hakendeich und auf den Lochenstein setzen Trittsicherheit und Kondition am Berg voraus, der Lochenstein wird nur geübten Wanderern empfohlen. Dieser kann allerdings auf dem Fahrweg ausgelassen werden, womit die Runde dann mittlere Anforderungen stellt.

Ausgangspunkt/Endpunkt

Wanderparkplatz Weilstetten, 911 m

Höchste Punkte

Locher Hörnle, 953 m
Lochenstein, 963 m

Anfahrt

GPS 48.2311, 8.8673
Pkw: Die Anfahrt erfolgt über die B 463 Balingen–Sigmaringen, bei Weilstetten auf die Tieringer Straße abfahren, im Ort links auf die Hauptstraße abbiegen, anschließend rechts in die Lindenstraße zum Wanderparkplatz einfahren.
Bus & Bahn: Ab Balingen bestehen Busverbindungen zur Haltestelle Weilstetten Mohren, der Zugang zur Tour erfolgt über die Lindenstraße.

Einkehr

Auf der Strecke keine, mehrere schön gelegene Rastplätze

Beste Jahreszeit

Mai bis Oktober

Informationen

i-Punkt Stadt Balingen,
Tel. 07433/17 01 19,
www.balingen.de

Die Runde über das Lochenhörnle zum Lochenstein verlangt uns auf den ersten zweieinhalb Kilometern einiges ab. Sobald wir den Aufstieg bewältigt haben, werden wir durch weite Aussichten über das Eyachtal zur Burg Hohenzollern sowie nach Westen zum Schwarzwald reich belohnt.

Kraftvoll aufs Hörnle Wir gehen die Runde ab dem ❹ **Wanderparkplatz Weilstetten** im Uhrzeigersinn. Da die Tour eine eigene Beschilderung hat, fällt die Orientierung leicht. Wir verlassen den Parkplatz in südlicher Richtung und biegen nach wenigen Schritten am Waldrand links auf den Köstentalweg ab. Nachdem wir eine Lichtung passiert haben, wechseln wir beim Wegweiser »Kestlete« in etwa halblinks auf den felsigen und von Wurzeln überzogenen Pfad hinauf zur Weilstetter Hütte. Wo wir auf einen Forstweg treffen, setzt sich der Pfad nach links versetzt fort und mündet 200 Meter weiter in einen anderen Forstweg. Links ab, passieren wir bald mit ❶ **Weilstetter Hütte**, treffen beim Wegweiser »Beim Felsenmeer« auf den HW 1 und gelangen geradeaus über den nächsten Pfad hinauf zum ❷ **Hakendeich**. Dort haben wir einen

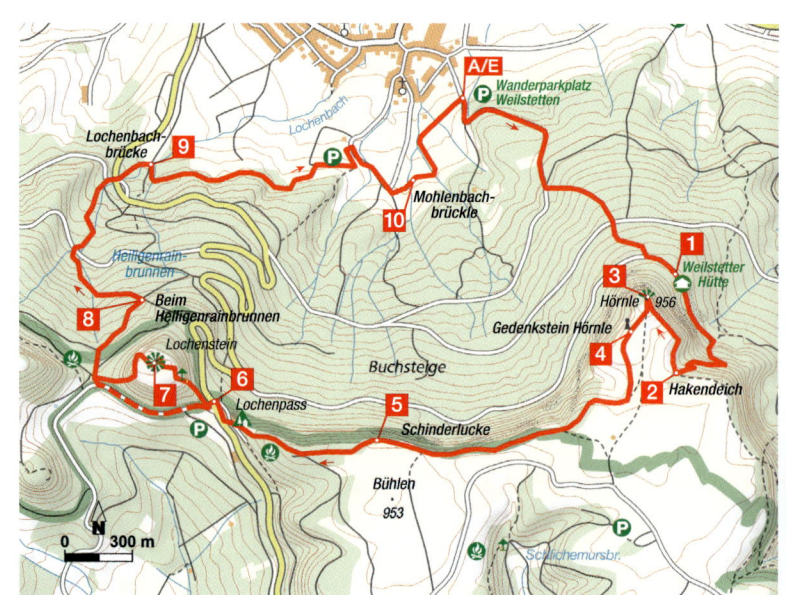

Grüße vom Lochenstein (links), Stelldichein der Wanderwege nahe dem Lochenhörnle (rechts)

Großteil der Höhenmeter bewältigt, halten uns rechts und wandern am Rand der Wiese hoch zum ❸ **Hörnle**.

Über den Lochenpass zum Lochenstein Sowie wir das Hörnle in südlicher Richtung verlassen haben, orientieren wir uns bei der Verzweigung rechts, sodass wir den ❹ **Gedenkstein Hörnle** passieren. Danach beschreibt der Weg einen Bogen nach Osten, kehrt jedoch sogleich an den Rand der Hochfläche zurück und führt erst an der ❺ **Schinderlucke** vorbei, dann durch den Wald hinunter zum ❻ **Lochenpass**. Jenseits der Landstraße haben wir beim Wanderparkplatz die Wahl: Wer bereits beim Anstieg auf das Hörnle seine Schwierigkeiten hatte, bleibt besser auf dem Fahrweg zum Lochenbrünnle. Alle anderen wechseln rechts auf den teils alpin anmutenden Pfad hoch zum ❼ **Lochenstein**.

Abstieg durchs Lochental Von dem Felskopf führt uns der Pfad zurück auf den Fahrweg, wo wir uns zweimal rechts orientieren und den Markierungen des Rundwegs sowie hier auch der Markierung »Blaues Dreieck« auf wechselnden Wegen über den Wegweiser ❽ **Beim Heiligenrainbrunnen** hinunter zur ❾ **Lochenbachbrücke** folgen. Ab der Brücke erfolgt der Rückweg rechts auf dem Haldeweg sowie im weiteren Verlauf über den Wegweiser Kälberbol (rechts) und die ❿ **Mohlenbachbrücke** zurück zum Ⓔ **Wanderparkplatz Weilstetten**.

Die Erdleutlein

Als Erdleutlein sind Zwerge bekannt, die einst am Lochenstein gelebt hatten und den Menschen freundlich gesonnen waren. Regelmäßig kamen sie nach Tieringen zu Besuch und unterhielten sich mit den Spinnerinnen des Dorfes, den Burschen sowie auch Mädchen. Woher sie kamen, darüber behielten sie sich indes bedeckt. Bis es eines Nachts ein paar Schlaufüchse nicht mehr aushielten und sie ausspionierten. Bei ihrem nächsten Besuch merkten die Zwerge dies und waren fortan nie mehr gesehen.

Hossinger Hochalb

Kelten auf dem Gräbelesberg und Heuwiesen

mittel 15,2 km 350 Hm 5.00–6.00 Std.

Tourencharakter
Bis auf den steilen Anstieg auf den Baienberg weitgehend bequem zu wandernde Runde auf überwiegend Waldwegen und teils steinigen und von Wurzeln überzogenen Pfaden. Durch die Abkürzungsmöglichkeiten lässt sich die Tour deutlich entschärfen. Unbedingt an guten Sonnenschutz denken.

Ausgangspunkt/Endpunkt
Grillplatz Heimberg, 911 m

Höchster Punkt
Baienberg, 975 m

Anfahrt
GPS 48.2017, 8.9174
Pkw: Die Anfahrt erfolgt über die B 463 Balingen–Sigmaringen bis Ebingen, dort auf die L 196 abbiegen und der Beschilderung über Meßstetten nach Hossingen folgen. In Hossingen auf den Laufener Weg zum Wanderparkplatz abbiegen.
Bus & Bahn: Ab dem Busbahnhof Albstadt-Ebingen bestehen Busverbindungen zur Haltestelle Hossinger Rathaus, der Einstieg in die Runde erfolgt über die Dorfstraße in Richtung Hossinger Leiter.

Einkehr
Auf der Strecke keine, allerdings mehrere schön gelegene Rastmöglichkeiten

Beste Jahreszeit
Frühjahr und Herbst

Informationen
Stadtverwaltung Meßstetten, Tel. 07431/634 90, www.stadt-messstetten.de

Rechte Seite: Oberhalb der Hossinger Leiter lädt ein schattiger Rastplatz zum Verweilen ein.

Die Hossinger Hochalb zählt zu den sogenannten HochAlbPfaden auf der Schwäbischen Alb. Auf dem ersten Teil der Tour schlängelt er sich malerisch am Albtrauf und eröffnet uns herrliche Aussichten. Der zweite Teil wird von sonnigen und artenreichen Heuwiesen charakterisiert, beinhaltet aber auch Abstecher zu einer abgegangenen Burg und zur Hossinger Leiter.

Frühlingsboten auf dem Triebfelsen Los geht es beim **Ⓐ Grillplatz Heimberg**. Nachdem wir uns versichert haben, dass keine Wertgegenstände offen im Auto liegen, geht es über die Wiese hoch an den Wald und links auf einem landwirtschaftlichen Weg auf die Nordseite des Heimbergs. Wo dieser Weg endet, treffen wir auf den Traufgang Hossinger Leiter, biegen links ab und folgen der Wegmarkierung auf den **❶ Triebfelsen**. Neben der ersten wunderschönen Aussicht über das Eyachtal warten dort im Frühjahr Küchenschellen und Kugelblumen. Da diese auch direkt am Wegrand – selbst unter der Rastbank – wachsen, ist Vorsicht geboten. Wie auch beim Tritt vor an die Felskante, wo unser Blick spektakulär in die Tiefe fällt. Weiter geht es nahe der Traufkante durch einen Kiefernwald zum **❷ Abzweig Gräbelesberg**.

Gräbelesberg Durch die an der engsten Stelle nur 40 Meter breite Verbindung mit dem Albmassiv ist der Bergsporn prädestiniert für eine Keltensiedlung. Diese sperrte den Zugang nahe der Engstelle mit zwei Wällen und Außengräben ab. Die Wälle erstreckten sich aber auch von einer zur anderen Hangkante des Spornplateaus. Der Zugang erfolgt ab dem Abzweig Gräbelesberg rechts durch den Befestigungswall. Gleich danach ist die Runde über den Bergsporn in beide Richtungen angegeben. Wir empfehlen links abzubiegen, sodass wir im Uhrzeigersinn an mehreren Aussichtspunkten vorbei auf den **❸ Gräbelesberg** laufen. Schauen wir von dort nach Norden, reicht unser Blick über Laufen an der Eyach zu den gegenüberliegenden Schalksburgen. Gefunden? Dann folgen wir dem HochAlbPfad an einer Höhle vorbei zurück zum **❷ Abzweig Gräbelesberg**.

Varianten zwischen Höllwald und Schopfenloch Geradeaus gehen wir weiter, biegen nach 300 Metern bei der bis dato deutlich zu erkennenden Keltenschanze rechts ab und folgen der Beschilderung über Schanze-West

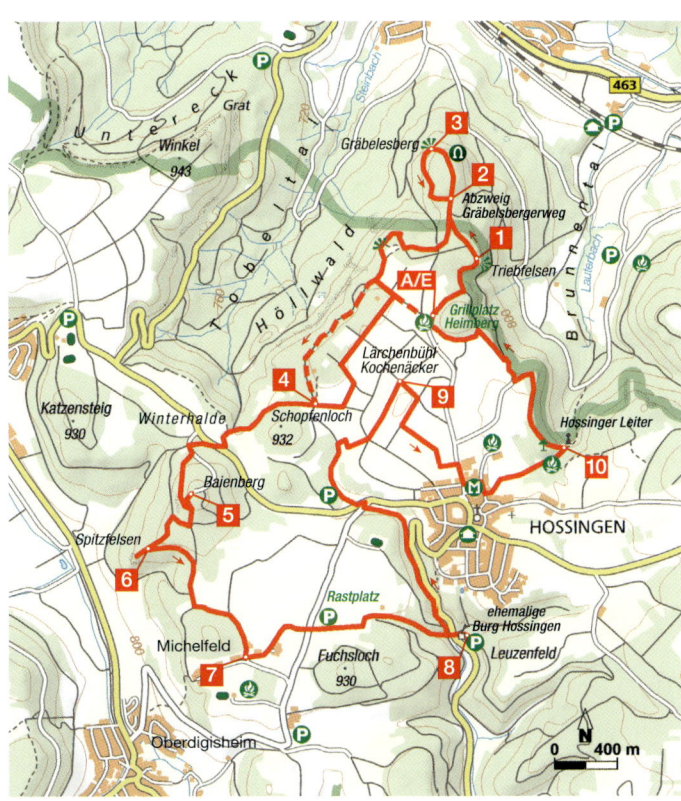

zu einem weiteren, mit einer Rastbank versehenen Aussichtspunkt zum Wegweiser Höllwald. Dort haben wir die Wahl: Um auf dem HochAlbPfad zu bleiben, biegen wir links ab und nehmen den Umweg über »Enger Weg« (dort besteht eine knapp 300 Meter lange Verbindung zum Grillplatz Heimberg) sowie über die offene Hochfläche. Insbesondere an sonnigen Tagen können wir aber ebenso gut auf den Donau-Zollern-Albweg wechseln und durch den Wald direkt zum Wegweiser ➍ **Schopfenloch** wandern.

Kraftakt am Baienberg Ab dem Schopfenloch geht es dann in beiden Fällen durch den Wald über die Winterhalde an die K 7143. Jenseits der Kreisstraße springen wir die Böschung zur Forststraße hinauf, halten uns 30 Meter weiter links

Die Geschichte der Burg Hossingen

Die Burg Hossingen befindet sich oberhalb der Burtelbachquelle und geht aller Wahrscheinlichkeit nach auf die Herren von Tierberg zurück, welche ab 1253 in verschiedenen Urkunden genannt sind. Die Blütezeit der Burg war Mitte des 14. Jahrhunderts, als die Ritter von Tierberg vom Grafen von Hohenberg die Dörfer Meßstetten und Hossingen erwarben. Im 15. Jahrhundert folgten der Niedergang und Verfall der Festung, welcher jedoch 1521 nochmals eine strategische Bedeutung beigemessen wird. Nach ersten Freilegungen im Jahr 1916 initiierten 2010 durchgeführte digitale Geländeaufnahmen die Freilegung der Anlage. Heute wird die Burgruine Hossingen als Kulturdenkmal gepflegt.

und folgen dem Weg bis zum nächsten Forstweg. Links nutzen wir diesen etwa 80 Meter, ehe wir rechts auf den nächsten Pfad wechseln und sich das Höhenprofil merklich ändert. Hatten wir bis hier nur geringe Steigungen zu bewältigen, geht es nun umso steiler bergan. Nachdem wir eine imposante Felswand passiert haben, führt ein gutes Stück weiter oben der Stichweg links zum Aussichtspunkt ❺ **Baienberg**. Nach dem Abstecher begleitet uns der HochAlbPfad als Nächstes zum ❻ **Spitzfelsen**, eine Felskanzel mit Ausrichtung auf das Tal der Oberen Bära.

Über das Michelfeld zur Burg Hossingen Zurück auf dem Weg, folgen wir der Beschilderung erst nach Osten, dann in südlicher Richtung an den Waldrand und weiter über den Oberen Steinstall zum Wegweiser ❼ **Michelfeld**. Links abbiegend nutzen wir die Zufahrt zu dem kleinen Weiler und der Pferdepension vor zur Kreisstraße und darüber hinweg den Wiesenpfad zu einer Baumgruppe, wo wir einen ex-

Zugang zur Aussichtskanzel Spitzfelsen (links), Kennzeichnung des HochAlbPfads und anderer Wanderwege (rechts)

trem sonnenexponierten Rastplatz finden. Je nachdem, wie stark der Wanderweg in den Wochen zuvor frequentiert wurde, ist dieser auf der Wiese kaum auszumachen. Im Zweifelsfall passieren wir nach dem Rastplatz den Hochsitz und steuern dann auf die Waldecke links vor uns zu. Von hier können wir uns wieder an den Markierungen des HochAlbPfads orientieren, die uns nahe der Gemarkungsgrenze durch den Wald zur Kreisstraße nach Hossingen lotsen. Der Wanderweg biegt bereits vor der Straße links ab. Zuvor aber lohnt sich ein weiterer Abstecher zur ❽ **ehemaligen Burg Hossingen**. Von der im 13. Jahrhundert errichteten Festung haben nur spärliche Reste die Zeit überdauert; nahe dem Zugang informiert jedoch eine Hütte über die Artenvielfalt auf der Hossinger Hochalb.

Hossinger Leiter Anschließend folgen wir dem HochAlbPfad zunächst parallel zur Straße, dann in einer weiten Linkskurve zur Ortsverbindung zwischen Hossingen und Tieringen, sowie jenseits der K 7143 über die Wegweiser »Im Tal« und »Kugelwies« (dort rechts) auf den ❾ **Lerchenbühl**. Geradeaus besteht eine weitere Verbindung zum Grillplatz Heimberg. Um auch die letzten drei Kilometer der Runde zu erleben, biegen wir indes rechts ab und folgen den Wegweisern abwechselnd links und rechts nach Hossingen und ab dort über die Verlängerung des Brühlgäßles bis zum Rastplatz oberhalb der ❿ **Hossinger Leiter**. Gerne können wir dem Treppenweg ein Stück hinuntergehen, um die eindrucksvolle und historisch bedeutende Verbindung zwischen Hossingen und Lautlingen richtig zu sehen. Dann aber nehmen wir den ansteigenden Pfad hoch zum Kübelhansfels. Kurz bevor wir diesen erreichen, lädt nochmals ein Rastplatz zum Verweilen ein, ehe wir beim Kübelhansfels links zu unserem Ausgangspunkt beim ❷ **Parkplatz Heimberg** abbiegen, wo unsere abwechslungsreiche Tour endet.

Markante Felsformationen bilden den oberen Abschluss der Hossinger Leiter.

32 Auf dem Klippeneck-Steig

Dreifaltigkeitsberg, Klippeneck und Nothelfer

mittel | 9,2 km | 400 Hm | 2.45–3.15 Std.

Tourencharakter
Beim Aufstieg zum Dreifaltigkeitsberg ist Ausdauer am Berg von
Vorteil. Ansonsten technisch gut
zu wandernde Runde mit einigen
schönen Ausblicken. Bei Nässe
können zu Beginn der Tour die Um-
wege über die Wiese auf dem Forstweg ausgelassen werden.

Ausgangspunkt/Endpunkt
Parkplatz Wassertretanlage Denkingen, ca. 750 m

Höchster Punkt
Dreifaltigkeitsberg, 985 m

Anfahrt
GPS 48.1022, 8.7411
Pkw: Die Anfahrt erfolgt über die
B 14 Rottweil–Tuttlingen bis Al-
dingen, dort auf die L 433 nach
Denkingen abbiegen, im Ort rechts
auf die Bahnhofstraße abbiegen,
anschließend weiter über die Klip-
peneckstraße bis zum Wanderparkplatz folgen.
Bus & Bahn: ––

Einkehr
Gaststätte Dreifaltigkeitsberg, werk-
tags ab 11 Uhr, So ab 8.45 Uhr,
Dienstag ist Ruhetag,
www.spaichingen-claretiner.de;
Schützenhaus Zepf, Mi–Sa ab
15 Uhr, So ab 10 Uhr,
www.schuetzenhaus-zepf.de

Beste Jahreszeit
April bis Oktober

Informationen
Rathaus Spaichingen,
Tel. 07424/957 10,
www.spaichingen.de

Rechte Seite: Blick in
die Dreifaltigkeitskirche
(oben); leider selten
geworden: Honigbienen
auf einer Acker-Witwen-
blume (unten)

Der Klippeneck-Steig zählt zu den sogenannten Donauwellen im Donaubergland. Oberhalb von Denkingen und Spaichingen verbindet er mit dem Dreifaltigkeitsberg und dem Klippeneck zwei beliebte Ausflugs-
ziele. Zuvor bewegen wir uns auf einer historischen
Bahnlinie.

Auf der Heubergbahn Wir starten die Runde beim **Ⓐ Parkplatz der
Wassertretanlage** oberhalb Denkingen und wandern gegen den Uhrzeigersinn. Der Einstieg erfolgt bei dem schmalen Pfad oberhalb vom Parkplatz mit dem Symbol der Donauwellen. Nach wenigen Schritten mündet
der Pfad in einen breiteren Weg, dem wir südwärts nach **❶ Heselen** folgen, wo wir auf die Trasse der ehemaligen Heubergbahn treffen. Am Wegende biegen wir links auf den Schotterweg ab. 400 Meter weiter wechselt
der Steig rechts auf einen Pfad und verläuft 500 Meter entlang einer blü-
tenreichen Mähwiese, ehe er auf
die Bahntrasse zurückkehrt. Bei
❷ Weiße Bruck biegen wir links
auf den Studentenweg ab, verlassen die historische Bahnlinie und
folgen der Beschilderung über
❸ Brunnenteich sowie einem
zweiten Ausreißer entlang einer
Obstwiese mit Blick zum kegel-
förmigen Gipfel des Hohenkarp-
fen in Richtung Bleiche.

**Aufstieg auf den Dreifaltig-
keitsberg** Wo wir oberhalb vom
Landgasthof Bleiche auf die Drei-
faltigkeitsstraße treffen, halten
wir uns zunächst links, kreuzen
dann die Straße und gelangen
bei **❹ Rotbühl** auf den Kreuzweg zum Dreifaltigkeitsberg. Links
hoch, geht es auf diesem zunächst
über die Straße, eh wir die Serpen-

Kelten auf dem Dreifaltigkeitsberg

Ausgrabungen auf dem Dreifaltigkeitsberg haben Siedlungs-
spuren aus der Jungsteinzeit
sowie auch Reste einer keltischen Befestigungsanlage aus
dem 6. oder 5. Jahrhundert vor
Christus hervorgebracht. Es gilt
als wahrscheinlich, dass die
Kelten am Standort der heutigen Kirche ihren Sonnengott
Baldur (auch Bel, Belarus) ver-
ehrt hatten. So war der Berg
bis ins Mittelalter hinein als
Baldenberg bekannt. Gestützt
wird diese Theorie durch Mes-
sungen, nach denen der Höhenzug mit dem Dreifaltigkeitsberg
zu den sonnigsten Gegenden in
Deutschland zählt.

tinen nutzen, um die Steigung zu entschärfen. Nachdem wir bei der ❺ **Amerikaner-Kapelle** und 400 Meter weiter die Landstraße zweimal gequert haben, trennt uns noch eine Kehre von der ❻ **Kirche auf dem Dreifaltigkeitsberg**. Neben dem Besuch der Wallfahrtskirche lohnt sich ein Abstecher in das Brunnenhaus.

Rückweg übers Klippeneck Später verlassen wir die Klosteranlage auf dem Weg zwischen dem Toilettenhaus (links) und dem Klosterladen, nutzen den Pfad um den Parkplatz herum und passieren den Startplatz der ❼ **Drachenflieger**. Der Höhenweg führt uns an einem weiteren Aussichtspunkt vorbei, eh wir beim Wegweiser ❽ **Schrofe** auf den HW 1 treffen. Links ab folgen wir dem »Roten Dreieck« des Albsteigs an weiteren Aussichtspunkten vorbei und über den Grillplatz Kreuzsteige bis zum ❾ **Grillplatz Heuberger Wasen**. Mit Sicht zum Klippeneck biegen wir links ab und folgen dem Klippen-Steig über den ❿ **Katzenbrunnen** zur ⓫ **Nothelferkapelle**. Ab dort geht es über den Stationenweg hinunter zum Schützenhaus und an der Wassertretanlage vorbei zurück zum Ⓔ **Parkplatz**.

Beuron und Burg Wildenstein

Vom Kloster über den Eichfelsen zur Burg

schwer 14,5 km 550 Hm 4.30–5.30 Std.

Tourencharakter

Die beiden Aufstiege zur Beuroner Steige und der Burg Wildenstein setzen Trittsicherheit und eine gute Kondition am Berg voraus. Bei Nässe werden die Pfade entlang der Felsengalerie leicht glitschig, weshalb Trekkingstöcke zu empfehlen sind.

Ausgangspunkt/Endpunkt

Parkplatz Kloster Beuron, 610 m

Höchste Punkte

Beuroner Steige, ca. 820 m
Burg Wildenstein, 817 m

Anfahrt

GPS 48.0524, 8.9677
Pkw: Die Anfahrt erfolgt über die B 313 oder B 463 bis Sigmaringen, dort zur L 277 abfahren, anschließend der Landstraße über Dietfurt und Thiergarten bis zum Kloster Beuron folgen.
Bus & Bahn: Ab Ulm, Sigmaringen, Tuttlingen und Immendingen bestehen Zugverbindungen nach Beuron.

Einkehr

Wanderheim Rauher Stein, Di–Sa ab 10 Uhr, So ab 9.30 Uhr, Schlossschänke in der Wildenstein, Di–So ab 11 Uhr, Gastronomie in Beuron

Beste Jahreszeit

April bis Oktober

Informationen

Gemeinde Beuron, Tel. 07579/921 00, www.beuron.de

Das beschauliche Beuron ist durch seine Benediktiner- Erzabtei St. Martin ein Begriff. Dabei lässt aber auch die Umgebung Wandererherzen höherschlagen. Unsere Runde führt zunächst vom Kloster auf den Eichfelsen. Nach einem zwischenzeitlichen Abstieg ins Donautal steigen wir entlang einer eindrucksvollen Felsengalerie hoch zur Burg Wildenstein.

Dinge ändern sich Der **Ⓐ Klosterparkplatz Beuron** ist bei einer längeren Standzeit gebührenpflichtig, doch großzügig bemessen, sodass der Pkw – außer während kirchlicher Veranstaltungen und Feiertagen vielleicht – schnell untergebracht sein sollte. Wir gehen unsere Runde im Uhrzeigersinn, womit es auf den ersten Metern am Spiel- und Wohnmobilstellplatz vorbei und über die gedeckte Holzbrücke über die Donau geht. Die Nachweise dieses Übergangs über den Fluss reichen bis ins 16. Jahrhundert zurück. Die heutige Brücke stammt aus dem Jahr 1801, die Nutzung war bis ins 19. Jahrhundert hinein kostenpflichtig. Bis 1975 rollte hier der

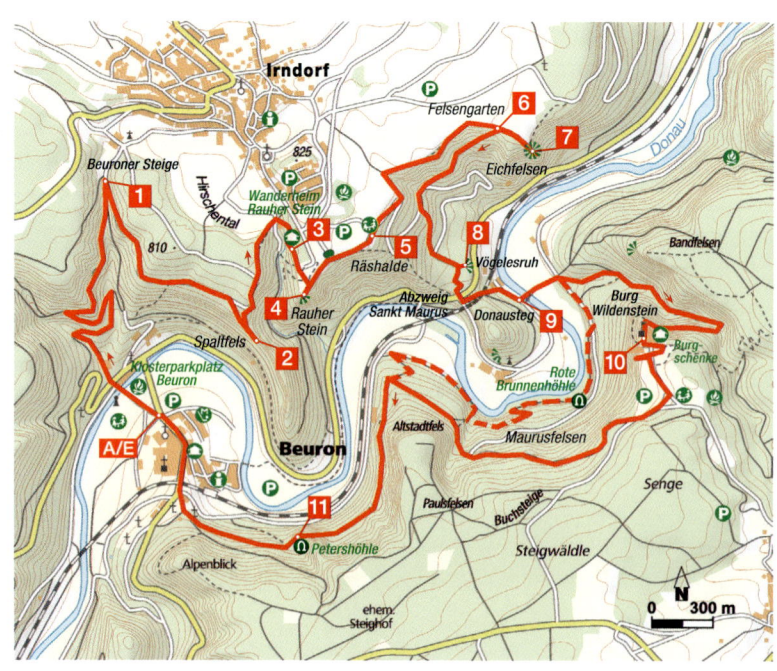

Autoverkehr darüber. Inzwischen hat sich beides verlagert: Die Autos nutzen die Brücke der nahen Albstraße, die Gebühren werden – Sie wissen schon wo erhoben …

Auf dem Donausteg durchqueren wir die tiefste Stelle der mit Höhepunkten gespickten Wanderung.

Loge über dem Kloster Nach der Brücke kreuzen wir die L 277 und folgen auf dem ersten Abschnitt der Markierung »Rote Gabel« sowie auch dem Symbol der Donauwellen Richtung Spaltfels. Damit geht es auf breitem Weg in den Wald hinein, und wir gewinnen rasch einige Höhenmeter und es öffnet sich bald erstmals die Sicht auf die Klosteranlage. Beim Wegweiser ❶ **Beuroner Steige** biegen wir scharf rechts ab, wechseln damit auf die Markierung »Rote Raute« und halten uns einen Kilometer weiter nach rechts. Gleich danach haben wir den ❷ **Spaltfels** erreicht und uns liegt das Kloster Beuron mitsamt dem Oberen Donautal zu Füßen. Wenn wir uns satt gesehen haben und zurück auf dem Wanderweg sind, passieren wir einen in verschiedenen Karten noch eingetragenen, zwischenzeitlich aber zugewachsenen Aussichtspunkt.

Rauher Stein und Felsengarten Weiter geht es auf der Donauwelle Eichfelsenpanorama zum Wegweiser Hirschental und von dort erst rechts, dann auf wechselnden Wegen zum ❸ **Wanderheim Rauher Stein**. Südlich des beliebten Ausflugslokals führt ein zweiter Abstecher zum ❹ **Rauhen Stein**. Neben der Sicht

Sperrung Eichfelsen-Panorama

Wegen eines massiven Felssturzes war die Variante über die Roten Brunnenhöhle während unserer Begehung im Jahr 2019 bis auf Weiteres gesperrt. Bis dies behoben und der Weg wieder begehbar ist, erfolgt auch die Umleitung der Markierung »Donauwelle Eichfelsen-Panorama« auf dem von uns beschriebenen Weg über die Burg Wildenstein.

auf eine idyllische Flussbiegung sehen wir links im Osten die Burg Wildenstein. Gut zu wissen: Eine der Flussschlingen liegt zwischen uns und der Burg. Der Weg dorthin führt südlich am Wanderheim vorbei bis zur ❺ **Räshalde**. Geradeaus treffen wir einen guten Steinwurf weiter auf den HW 2, der uns entlang des Albrands zum ❻ **Felsengarten** führt. Der Garten wurde durch einen Vortrag über die Felsvegetation im Oberen Donautal initiiert und beherbergt heute zahlreiche heimische Kräuter und Gräser, um mit der Küchenschelle, der Gewöhnlichen Kugelblume und der Kalkaster nur einmal drei von ihnen zu nennen.

Eichfelsen und Abstieg zur Donau Nach dem Exkurs in die Botanik führt uns der dritte Abstecher zum ❼ **Eichfelsen**. Auch dort erwartet uns eine tolle Sicht über das Donautal. Folgen wir dem Lauf der Donau flussabwärts, sehen wir in der Ferne das Schloss Werenwag über dem Schreyfels und den wenigen Häusern von Langenbrunn thronen. Zurück beim ❻ **Felsengarten** halten wir uns anschließend links und folgen der Beschilderung über Oberhausen zur ❽ **Vögelesruh**, einen ebenfalls abseits des Wanderwegs gelegenen, von Bäumen hübsch umrahmten Aussichtspunkt über der Donau auf die Burg Wildenstein. Gleich danach kreuzen wir die L 277, orientieren uns bei der Abzweigung St. Maurus links und nutzen den ❾ **Donausteg** zur gegenüberliegenden Talseite.

Nachdem wir die Holzbrücke zunächst unterquert haben, führt sie uns in die Burg Wildenstein hinein.

Burg Wildenstein Nachdem wir einen sonnenverwöhnten Rastplatz passiert haben, stehen wir im Wald beim Donauhaus Abzweig vor der Wahl: Keine Lust auf den Anstieg zur Wildenstein? Dann bietet es sich an, mit der Markierung »Donauwelle Eichfelsen-Panorama« rechts abzubiegen. Der Weg verläuft nahe der Donau und führt an der im vorderen Bereich zugänglichen Roten Brunnenhöhle (Maurushöhle) und dem Maurusfelsen vorbei. Da geht noch was? Dann folgen wir dem »Roten Dreieck« des HW 2 über den Unteren Tobel sowie entlang einer imposanten, mit Höhlen durchsetzten Felsengalerie bergan zur ⑩ **Burg Wildenstein**. Die ehemalige Festung wird heute als Jugendherberge betrieben, in der Burgschänke sind jedoch auch Wanderer herzlich willkommen. An sonnigen Tagen empfiehlt sich, eine Sonnenbrille für den dann sehr grellen Innenhof einzupacken.

Rückweg nach Beuron Im Anschluss an den Burgbesuch laufen wir auf der Zufahrt bis zum nahen Wanderparkplatz, wo wir rechts, 200 Meter weiter nochmals rechts abbiegen. Damit wechseln wir vom Schwäbischen Alb-Südrand-Weg auf den mit »Roter Gabel« markierten Alb-Wanderweg. Dieser führt uns wieder bergab an der Wand des Altstadtfels und der ein gutes Stück oberhalb des Pfads gelegenen ⑪ **Petershöhle** vorbei. Beim Wegweiser Abzweig Alpenblick treffen wir schließlich wieder auf den HW 2, auf dem wir rechts die letzten Meter zurück nach Beuron, der weitläufigen Anlage des Benediktinerklosters sowie auch zu unserem Ausgangspunkt beim Ⓔ **Klosterparkplatz** gelangen.

Aussicht vom Eichfelsen über das Obere Donautal und zum Schloss Werenwag

Kloster Beuron

Das Kloster von Beuron wurde Ende des 11. Jahrhunderts als Augustiner-Chorherrenstift gegründet und nach einer wechselvollen Geschichte 1803 aufgelöst. 1862 ermöglichte die Fürstin Katharina von Hohenzollern-Sigmaringen durch eine Stiftung die Nutzung der Gebäude durch die Benediktiner. Als Folge des Kulturkampfs mussten die Mönche Beuron zwischen 1875 und 1887 verlassen, erreichten dann aber die Erhebung zur Erzabtei.

34 Ruine Dietfurt und Donaufelsengarten

Über das Teufelsloch auf den Rabenfelsen

schwer · 14 km · 500 Hm · 4.30–5.30 Std.

Tourencharakter
Der Aufstieg von Dietfurt zur Teufelsloch-Hütte erfordert Kondition am Berg, ansonsten verteilen sich die Höhenmeter recht gleichmäßig. Wer beim Parkplatz Hofstätte aus der Runde aussteigt, kann diese dadurch deutlich entschärfen. Vorsicht beim Zugang auf die Aussichtsfelsen!

Ausgangspunkt/Endpunkt
Parkplatz Gutenstein Donaubrücke, 586 m

Höchste Punkte
Nahe Teufelslochhütte, ca. 720 m, nahe über dem Bröller, ca. 720 m

Anfahrt
GPS 48.0786, 9.1198
Pkw: Die Anfahrt erfolgt über die B 313 oder B 463 bis Sigmaringen, dort zur L 277 abfahren, anschließend der Landstraße über Dietfurt nach Gutenstein folgen. Der Parkplatz befindet sich zwischen Donau und Bahnlinie.
Bus & Bahn: Ab dem Bahnhof Sigmaringen bestehen Busverbindungen zur Haltestelle Gutenstein-Langenharter Straße.

Einkehr
Gastronomie in Dietfurt und Gutenstein

Beste Jahreszeit
April bis Anfang November

Informationen
Touristinformation Sigmaringen, Tel. 07571/10 62 24, www.sigmaringen.de

Diese Wanderung war für uns persönlich die erste Tour im Oberen Donautal. Was sollen wir sagen? Schon bei der Ankunft empfing uns eine Traumkulisse mit goldenen Herbstfarben, dem gewaltigen Kreuzfelsen hoch über der Donau und Schwänen auf dem Wasser. Was folgte, war eine landschaftliche Liebeserklärung.

Über das Steigle zur Dietfurt Bereits beim **Ⓐ Parkplatz Gutenstein-Donaubrücke** können wir durchaus eine Weile verbringen, wenn wir den Blick über die hier meist träge dahinfließende Donau hoch zum Kreuzfelsen schweifen lassen. Dann aber überqueren wir die Bahnlinie und biegen nach rund 200 Metern in die nächste Straße links ein. Auf dem ersten Abschnitt führt uns die Markierung »Rote Gabel« über das bewaldete Steigle nach Dietfurt. Nachdem wir im Wald einen Aussichtspunkt mit Blick auf die Donau passiert haben, halten wir uns bei der Verzweigung erst rechts, beim Wegweiser Steigle links und dann jeweils rechts. Sowie wir den Wald wieder verlassen, thront vor uns auf einer steilen Felskante die **❶ Ruine Dietfurt**. Sie befindet sich auf dem Gelände der Bergwacht

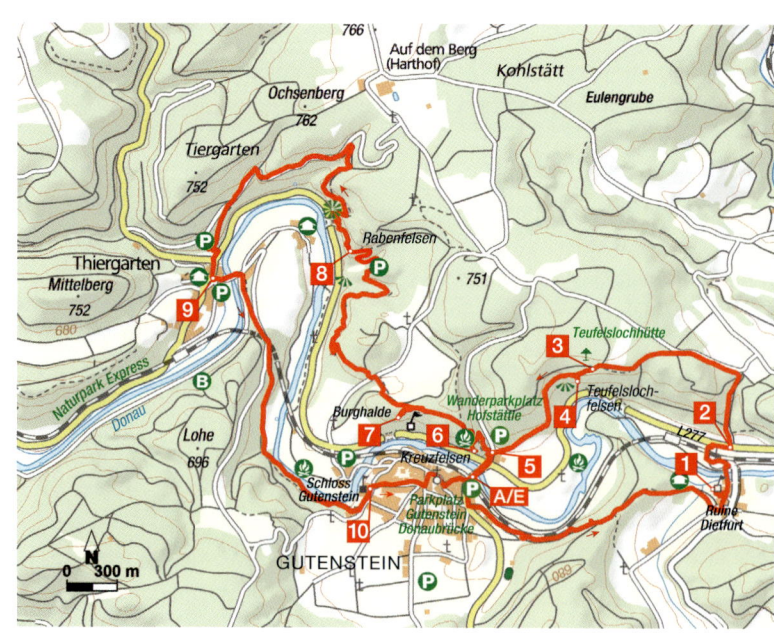

Sigmaringen und kann in Begleitung von Bergwachtangehörigen begangen werden. Die aus drei Kammern bestehende Höhle unter der Burg ist ein bedeutender archäologischer Fundort.

Der Rand des Teufelslochfelsens eröffnet uns eine Aussicht, die spektakulärer kaum sein könnte.

Intermezzo mit Verbesserungspotenzial Ab Dietfurt folgen wir der Markierung »Rote Raute« auf der Burgstraße über die Donau. Zwischen dem Parkplatz und der Bushaltestelle jenseits der Bahnlinie ist leider nur wenig Platz, sodass wir ein Stück entlang der Straße gehen müssen. Nachdem wir die Bahnlinie und auch die Landstraße überquert haben, halten wir uns rechts. Gut 100 Meter weiter ist dieser Bereich geschafft und der Wanderweg beim Wegweiser ❷ **L 277** zweigt links auf einen Pfad zum Teufelsloch ab. Wo dieser weiter oben bei »Kohlacker« endet, wechseln wir links auf den HW 2.

Teufelslochfelsen Immer noch bergan, aber auf bequem zu gehendem Terrain, folgen wir dem Hauptwanderweg sowie auch dem Donaufelsengarten, einen der Donaufelsenläufe, über den Gutensteiner

Die Burgruine Dietfurt und die Neutempler

Der Name Dietfurt weist auf eine sehr frühe Besiedlung dieser Gegend hin. Das altdeutsche »Diet« heißt Volk, als Furt wird eine flache Stelle in einem Fluss bezeichnet. Die erste Erwähnung einer Burg Dietfurt stammt aus dem Jahr 1095. Schon 1593 wird die Burg als Ruine bezeichnet. 1927 gelangte sie in den Besitz des Neutemplerordens und war dessen wichtigste deutsche Niederlassung. Der Orden, der auch rassistische, antisemitische und frauenfeindliche Ansichten vertrat, baute die zweite Halle der Höhle zu einer Kultstätte aus. Mit Ausbruch des Zweiten Weltkriegs gingen die Aktivitäten der Neutempler zurück. 1964 übernahm die DRK-Bergwachtbereitschaft das gesamte Areal.

Berg zum Rastplatz bei der ❸ **Teufelslochhütte**. Ab dort trennen uns nur noch wenige Schritte vom ❹ **Teufelslochfelsen**, wo sich uns eine atemberaubende Aussicht über die tief unter uns liegende Donau und eine malerische Flussschleife öffnet. Unter uns befinden sich zwei nicht zugängliche Höhlen, davon eine mit Tropfsteinen. Auch hier wurden bei Ausgrabungen Funde freigelegt, die auf eine Besiedlung spätestens ab der Mittelsteinzeit schließen lassen. Weiter geht es mit dem »Roten Dreieck« des Alb-Südrand-Wegs bis zum ❺ **Wanderparkplatz Hofstättle**. Links wären es nur wenige Schritte am Kanuverleih vorbei zum Parkplatz Gutenstein Donaubrücke.

Kreuzfelsen und Burghalde Für den zweiten Teil unserer Runde geht es jenseits der Straße mit dem Donaufelsengarten wieder steil bergan auf den ❻ **Kreuzfelsen**. Über die Donau hinweg liegt uns hier Gutenstein zu Füßen. Auch sind Teile der benachbarten Steilfelsen von der Felskanzel aus gut einzusehen. Als Nächstes führt uns der Donaufelsenlauf am Aussichtspunkt über der Burghalde vorbei auf die ❼ **Burghalde**. Dieser Vorsprung ist leichter zugänglich, bietet dafür aber keinen so spektakulären Blick in die Tiefe. Unter uns, von hier jedoch nicht zu sehen, befindet sich die auch als Burgfelden bekannte Ruine der Burg Altgutenstein. Von der im 13. Jahrhundert erstmals erwähnten Burg sind noch geringe Reste vor allem des Wohnturms erhalten. Wer diese besichtigen möchte, findet östlich der Burg einen Parkplatz an der L 277.

Herbstliche Idylle beim Ausgangspunkt an der Gutenstein-Donaubrücke

Aussicht für Schwindelfreie Zurück auf dem HW 2, führt uns dieser durch den Wald zu einem Kohlacker bei Feldstätt sowie über die Wegweiser Feldstättweg und Am Eichbühl. Auf den nächsten Metern öffnet sich die Sicht wieder, erst nach Wes-

ten über die Donau, dann nach Norden auf die Felswand des Rabenfelsen. Von dieser Seite aus scheint der Felsen für Wanderer unbezwingbar. Nach mehreren Kurven werden wir jedoch von der leicht zugänglichen Ostseite auf den **❽ Rabenfelsen** geleitet. Die Überraschung erwartet uns am Ende des Pfads: Wie eine niedrige Mauer ragt der Kamm des Felsens aus dem Waldboden und bietet denen, die schwindelfrei und mutig sind, sogar die Möglichkeit, Platz zu nehmen. Ansonsten wird allgemein empfohlen, vom Rand des Felsens einen gebührenden Abstand einzuhalten.

Der Zugang in den Bergfried der Ruine Dietfurt ist in Begleitung der Bergwacht möglich (links). Der Rabenfelsen fällt senkrecht zur Donau hin ab, der Zugang ist mit Vorsicht zu genießen (rechts).

Rückweg über Thiergarten Anschließend folgen wir dem HW 2 an einen weiteren spektakulären Aussichtspunkt vorbei zum Wegweiser »Über dem Bröller« und ab dort hinunter nach Thiergarten. Auf den letzten Metern zu dem Ort folgt eine zweite kurze Passage entlang der Landstraße. Wo der HW 2 in **❾ Thiergarten** rechts abbiegt und Kurs auf die Ruine Falkenstein nimmt, biegen wir links nach Gutenstein ab. Damit überqueren wir die Donau und lassen den ersten Weg rechts aus. Nur einen Katzensprung weiter biegen wir auf den schmaleren Weg ein und folgen der Markierung »Rote Gabel« auf wechselnden Wegen, doch stets nahe der Donau zurück nach Gutenstein zum **❿ Schloss Gutenstein** und ab dort durch den Schlossweg sowie die Linden- und Hohenbergstraße zurück zum **Ⓔ Parkplatz Gutenstein-Donaubrücke**.

Der Rabenfels

Der Ursprung des Felsens wird auf ein jurazeitliches Riff zurückgeführt, welches von Kieselschwämmen gebildet wurde. Nachdem die Schwämme erst zusammengewachsen waren und später abstarben, füllte kalkhaltiges Wasser die Hohlräume. In der Folge verhärtete sich der Riffkalk und wurde von Sedimenten bedeckt. Schließlich legte die Urdonau die über viele Millionen Jahre entstandene Felsformation wieder frei und schuf einen der spektakulärsten Ausblicke über das Obere Donautal.

35 Auf dem Kloster-Felsenweg

Fürstliche Anlagen Inzigkofen

mittel/schwer 13,3 km 400 Hm 4.30–5.30 Std.

Tourencharakter
Die Aufstiege verteilen sich gleichmäßig auf der gesamten Strecke, etwas Kondition am Berg ist aber dennoch von Vorteil. Vorsicht, insbesondere bei Nässe, bei den Zugängen zu den Felsen und im Bereich der Grotten.

Ausgangspunkt/Endpunkt
Turnhalle Laiz, 570 m

Höchster Punkt
Himmelsberg, 700 m

Anfahrt
GPS 48.0768, 9.1945
Pkw: Die Anfahrt erfolgt über die B 313 oder B 463 bis Sigmaringen, dort zur Landstraße abfahren, anschließend den Kreisverkehr über die Laizer Straße verlassen. Der Straße bis zum Parkplatz bei der Fest- und Turnhalle von Laiz folgen.
Bus & Bahn: Ab dem Bahnhof Sigmaringen bestehen Busverbindungen mit Umstieg beim Leopoldplatz zur Haltestelle Laiz Festhalle.

Einkehr
Parkstüble, Mo–Sa ab 14, So ab 11 Uhr, am Ausgangspunkt Backhaus Mahl, Mo–Sa ab 6, So ab 7.30 Uhr

Beste Jahreszeit
April bis Oktober

Informationen
Touristinformation Sigmaringen, Tel. 07571/10 62 24, www.sigmaringen.de

Beim Kloster-Felsenweg ging es uns zunächst einzig um die Teufelsbrücke, die hoch über der Donau eine enge Schlucht überspannt. Am Ende des Tages blickten wir dann jedoch auf eine Tour zurück, die wir gut und gerne als den krönenden Abschluss für diesen Wanderführer nehmen wollen. Freuen wir uns also auf eine spannende Wanderung!

Entspannter Auftakt Der Kloster-Felsenweg ist als einer der Donau-Felsen-Läufe in beiden Richtungen beschildert. Die Markierung mit eigenem Logo, kombiniert mit dem Namen der Tour, gibt Sicherheit bei der Orientierung. Bei unserer Beschreibung folgen wir dem Premiumwanderweg im Uhrzeigersinn. Zuletzt ermöglicht uns das beim Ausgangspunkt gelegene, auch an den Wochenenden geöffnete Backhaus die Möglichkeit, uns mit Proviant auszurüsten. So vorbereitet, können wir der **A Turnhalle** entspannt den Rücken kehren und den Parkplatz über die Donaubrücke von Laiz verlassen. Nach dem ersten Blick über den träge

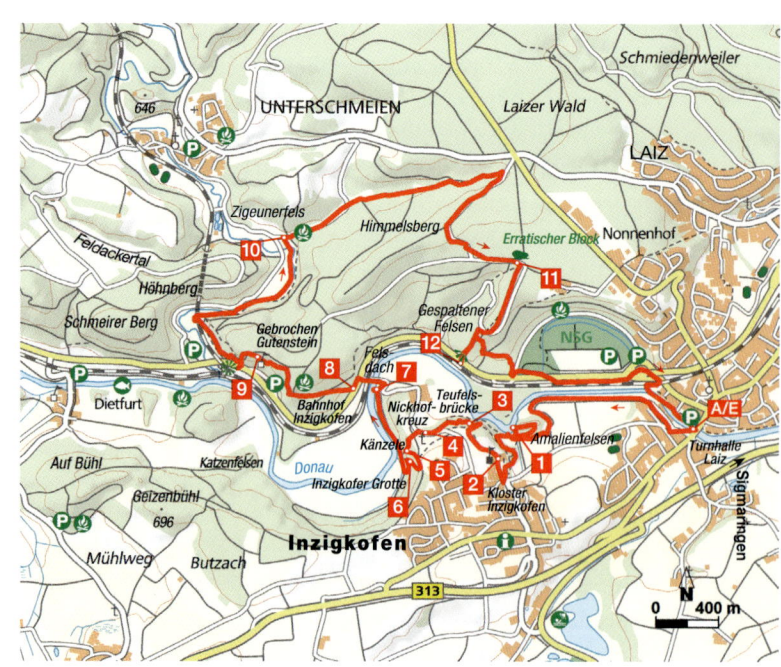

Aussicht auf Gebro-
chen Gutenstein sowie
über die Verkehrsver-
bindungen entlang der
Oberen Donau

fließenden Strom biegen wir rechts in die Inzigkofer Straße, dann erneut rechts in den Wendelinusweg ab. Damit verläuft der erste Abschnitt unserer Wanderung auf dem Schwäbischen Alb-Südrand-Weg HW 2 sowie auf dem Hohenzollerischen Jakobsweg.

Lindenallee und Amalienfelsen Wo wir Laiz verlassen, öffnet sich rechts die Sicht zum Borrenfelsen, und wir erfahren, dass die Donau in diesem Bereich verlegt wurde, um den Bau der Bahnlinie zu ermöglichen. Über den dabei entstandenen Damm gehen wir dem Fluss entgegen bis an den Wald, wo wir uns links halten, um anschließend beim Wegweiser Amalienfels-Südost rechts abzubiegen. 200 Meter können diejenigen, die es eilig haben, beim Wegweiser Amalienfels links mit dem HW 2 abbiegen. Alle anderen biegen scharf rechts ab. Der Wanderweg beschreibt

Kloster Inzigkofen

. . . .

Das Kloster Inzigkofen wurde 1354 durch die Sig-maringer Bürgerinnen Mechthild und Irmengard Sönnerin sowie einer Lùdgart als Beginenklause gegründet. Nachdem sich die rasch angewachsene Frauengemeinschaft zunächst nach der franziskani-schen Laienregel richtete, schlossen sie sich 1394 der augustinischen Reformbewegung an. Nach ei-nem raschen Aufstieg im Spätmittelalter von einer armen Klause zu einem angesehenen Frauenkloster und einer bis zum Ende des 18. Jahrhunderts rei-chenden Blütezeit folgte 1802 das abrupte Ende. 1803 wurde das Kloster säkularisiert und ging an das Fürstenhaus Hohenzollern-Sigmaringen über. Heute sind in den Gebäuden unter anderem die Volkshochschule und das Bauernmuseum von Inzig-kofen untergebracht. Mit seiner in Teilen erhaltenen Bibliothek ist das Kloster außerdem für die Deut-sche Mystik und deren Erforschung bedeutend.

hier eine Schlaufe, die uns zunächst auf die Ostseite des Höhenzugs führt. Von dort geht es durch die ehemals frei stehende und bis heute reizvolle Lindenallee auf den ➊ **Amalienfels**. Der steil nach Westen abfallende Felsen eröffnet uns eine herrliche Sicht über den vorderen Park der fürstlichen Anlagen sowie auf eine nahe Hängebrücke. Sie wird vom Kloster-Felsenweg ausgenommen, lohnt aber den kurzen Abstecher.

Aufstieg zum Kloster Inzigkofen Wenn wir den nach Fürstin Amalie Zephyrine benannten Felsen über die steile Südwestseite verlassen haben, halten wir uns sogleich wieder rechts, sodass wir an eine Schleife der Donau kommen. Rechts öffnet sich die Sicht auf die Steilwand des Amalienfelsens, links trennen uns nur wenige Schritte von der Hängebrücke, die uns eine weitere traumhafte Sicht über die Flussbiegung und den Felsen bietet. Nach dem Abstecher haben wir die Wahl: Wer weiter entlang der Donau läuft, gelangt auf dem unmarkierten Weg direkt zur Teufelsbrücke. Um auf dem Rundweg zu bleiben, folgen wir indes der Beschilderung bergan zum ➋ **Kloster Inzigkofen**. Kurz bevor wir dieses erreichen, lädt nachmittags sowie sonntags ab 11 Uhr das Parkstüble zum Verweilen ein.

Ausblick von der Teufelsbrücke auf die Donau

Des Teufels Brücke Nach dem Besuch der hell und freundlich gestalteten Klosterkirche St. Johannes der Täufer gelangen wir durch den Durchgang im Gebäude des

Bauernmuseums in den nördlichen Park des Klosters. Sowie auch die äußere Umfassungsmauer hinter uns liegt, biegen wir beim nächsten Wegweiser rechts zur Teufelsbrücke ab. Der Wanderweg führt uns damit zunächst wieder auf die Donau zu, eh wir links abbiegen und den nicht markierten Weg vom Amalienfelsen passieren. An einem Ausblick vorbei sehen wir schließlich die allein durch ihre Bauweise sagenhafte ❸ Teufelsbrücke vor uns. Die markanteste und zugleich bekannteste Attraktion der fürstlichen Anlagen ersetzt die 1843 konstruierte Holzbrücke und spannt sich auf einer Länge von 21,5 Metern über die Höll, eine 19,5 Meter tiefe Schlucht. Einer Sage zufolge soll der Baumeister, als er durch Fürst Karl den Auftrag zum Bau der Brücke erhalten hatte, ausgerufen haben: »Die soll von mir aus der Teufel bauen, aber nicht ich!« Kaum waren die Worte verhallt, stand der finstere Gesell parat und versprach, die Brücke unter der Bedingung zu bauen, dass ihm

Beim Bau der Brücke soll der Teufel geholfen haben – ehe er bös' um seinen erhofften Lohn gebracht wurde.

die Seele des ersten Geschöpfs gehöre, welches über die fertige Brücke geht. Der Baumeister ging den Handel ein. Nach Vollendung der Tat jagte er jedoch einen räudigen Hund über die Brücke und betrog somit den Teufel um die erwartete menschliche Seele.

Känzele und Inzigkofer Grotte Nach dieser schönen Geschichte führt uns der Kloster-Felsenweg durch einen vier Meter lan-

Fürstlicher Park Inzigkofen

Die Sigmaringer Fürstin Amalie Zephyrine ließ den fürstlichen Park im Stil englischer Landschaftsgärten anlegen. Neben einigen Grotten umfasst der Park den Amalienfelsen, das Aussichtsplateau Känzele und die Teufelsbrücke. An einigen Stellen ergeben sich atemberaubende Ausblicke über das von steilen Jurafelsen eingefasste Donautal.

gen Felstunnel und über das ❹ **Nickhofkreuz** zum ❺ **Känzele**. Wir kürzen somit eine Schleife der Donau ab, bis uns bei einem Felsvorsprung der hier träge durch ein Wiesental mäandrierende Fluss zu Füßen liegt. Besonders reizvoll soll die Aussicht nach der Schneeschmelze sowie bei Hochwasser sein, wenn sich weite Teile der Talaue in eine Seenlandschaft verwandeln. Die Ausrichtung des Felsens nach Westen verspricht den Besuchern zudem einen besonders schönen Sonnenuntergang und »damit eine romantische Naturbegegnung, wie sie in den Landschaftsgärten des 18. und 19. Jahrhunderts vielfach befördert wurde«. Vom Känzele folgen wir wahlweise dem Verbindungsweg durch das Felsentor oder dem Felsenweg über mehrere Treppen zu den ❻ **Inzigkofer Grotten**.

Gebrochen Gutenstein Nachdem wir die aus unterspülten Felswänden gebildete Kulisse auf uns haben wirken lassen, folgen wir der Beschilderung über den Wegweiser »Unterm Känzele« zurück an den Fluss, an einem Grillplatz und dem leicht zu übersehenden ❼ **Felsdach** – einer Durchgangshöhle unterhalb des Wegs – vorbei sowie über die Donaubrücke zum ehemaligen ❽ **Bahnhof Inzigkofen**. Sobald wir

Die Ruine Gebrochen Gutenstein ist vom Wanderweg nicht zugänglich.

die Landstraße überquert haben, nehmen wir den Pfad hoch zum Scheuerlebühl, wo wir links nach ❾ **Gebrochen Gutenstein** abbiegen. Die auch als Neu Gutenstein bekannte Burg wurde erstmals 1354 urkundlich als Lehen des Herzogs Albert

Wanderweg entlang
der Inzigkofer Grotten
(links), die Türken-
bundlilie ist eine
unserer stattlichsten
heimischen Lilien
(rechts).

von Österreich erwähnt und bestand im Wesentlichen aus der Kernburg und einem Wirtschaftshof. Nachdem die Burg bereits im Jahr 1410 als Ruine bezeichnet wurde, haben bis auf Mauern des Wohnturms auf einer unzugänglichen Felsnadel nur spärliche Reste die Zeit überdauert. Nachdem wir die Burgruine zunächst oberhalb passieren, eröffnet uns weiter westlich ein Aussichtsfelsen eine besonders schöne Sicht auf Gebrochen Gutenstein und das darunter liegende Donautal.

Schmeietal und weitere Felsen Ab dem Aussichtsfelsen erfolgt der Abstieg in Richtung Zigeunerfels ins Schmeietal, wo wir dem idyllischen Nebenfluss der Donau bis zum ❿ **Zigeunerfels** entgegenlaufen. Vor Ort erfahren wir, dass der überhängende Felsen zum Ende der letzten Eiszeit von Sammlern und Jägern als Lagerplatz genutzt wurde. Heute finden wir hier einen Rast- und Grillplatz vor. Für den letzten Abschnitt der Runde biegen wir bei dem Felsen rechts ab und folgen dem Forstweg an einer lang gezogenen Wiese vorbei bis zum Wegweiser Kirchtal (scharf rechts) und weiter über Scheererhau (links) zum ⓫ **Erratischen Bloc**k – einem gebietsfremden Felsbrocken, der während der Risseiszeit durch Gletschertätigkeit vom Silvretta-Massiv hierher befördert wurde. Einen Steinwurf weiter biegen wir rechts ab zum **Gespaltenen Felsen**. Der Abstecher zu dem durch einen tiefen Riss zweigeteilten Felsen eröffnet uns nochmals die Sicht über das Donautal. Der weitere Rückweg erfolgt anschließend ab dem letzten Wegweiser hinunter zur Landstraße und über den Parkplatz Alte Donau zurück zur ⓔ **Turnhalle Laiz**, wo wir zufrieden auf einen ereignisreichen Wandertag zurückblicken können.

Für jeden Tag
die richtige Tour

	Tour	🥾 km	🕐	⛰ Hm	🍴	☺	🏛	❄	☀	🌳	🚌
1 ●	Rosenstein	5,4 km	2.00 Std.	200 Hm	●	●	●	–	–	●	–
2 ●	Rund um den Nägelberg	11,5 km	3.30–4.30 Std.	500 Hm	●	●	●	●	●	–	●
3 ●	Beutental-Rundweg	7,9 km	2.30–3.00 Std.	175 Hm	●	●	●	●	●	–	●
4 ●	Hohenstaufen	11,5 km	3.30–4.30 Std.	400 Hm	●	●	●	●	●	–	●
5 ●	Hohenrechberg	3,3 km	1.15–1.45 Std.	180 Hm	●	●	●	–	●	–	●
6 ●	Messelberg	7,7 km	3.00 Std.	330 Hm	–	●	●	–	–	●	–
7 ●	Felsenrunde bei Bad Überkingen	13,5 km	4.30–5.00 Std.	470 Hm	(●)	(●)	●	–	●	–	(●)
8 ●	Ostlandkreuz von Geislingen	4,8 km	1.30 Std.	100 Hm	●	●	●	–	●	●	(●)
9 ●	Burgruine Helfenstein	4,5 km	1.30 Std.	210 Hm	●	●	●	–	●	●	●
10 ●	Ave-Weg Deggingen	9 km	2.45–3.15 Std.	340 Hm	–	●	●	–	–	●	(●)
11 ●	Bad Ditzenbach und Hiltenburg	12 km	3.30–4.30 Std.	430 Hm	(●)	●	●	–	●	●	●
12 ●	Boßler-Steig	15 km	4.30–5.30 Std.	530 Hm	●	–	●	–	–	●	(●)
13 ●	Reußenstein und Schertelshöhle	19 km	6.00 Std.	450 Hm	●	–	●	–	●	–	●
14 ●	Randecker Maar	16 km	5.00–6.00 Std.	530 Hm	●	–	●	–	●	●	●
15 ●	Ruine Teck und Breitenstein	12,5 km	4.00–4.30 Std.	600 Hm	●	(●)	●	–	●	●	●
16 ●	Bassgeige und Burg Hohenneuffen	13,8 km	4.00–5.00 Std.	420 Hm	●	(●)	●	–	●	●	●
17 ●●	Hohenurachsteig	8,2 km	2.30 Std.	470 Hm	–	●	●	–	–	●	●
18 ●	Hohenwittlingensteig	7,6 km	3.00 Std.	320 Hm	–	(●)	●	–	–	●	●
19 ●	Seeburgsteig Bad Urach	8,4 km	2.30–3.00 Std.	320 Hm	(●)	●	–	–	●	–	(●)

#		Tour	👣 km	🕐	⛰	🍴	🙂	🏛	❄	☀	🌳	🚌
20	●	Schloss Lichtenstein	11 km	3.30–4.00 Std.	270 Hm	●	●	●	–	●	●	–
21	●	Blautopf Blaubeuren	7,5 km	2.30–3.00 Std.	240 Hm	(●)	●	●	–	–	●	●
22	●	Eiszeitjägerpfad Blaubeuren	9,4 km	3.00–3.30 Std.	420 Hm	●	●	●	–	●	●	●
23	●	Derneck und Hohengundelfingen	6,6 km	2.45 Std.	270 Hm	●	●	●	–	●	●	●
24	●	Gerberhöhle und Ruine Wartstein	11,2 km	3.30–4.00 Std.	400 Hm	(●)	(●)	●	(●)	–	●	–
25	●●	Auf dem Burgfelsenpfad	6,9 km	2.30 Std.	180 Hm	–	●	●	(●)	●	–	–
26	●	Hohenzollernrunde	6,8 km	2.30 Std.	320 Hm	●	●	●	●	●	–	●
27	●	Zu den Ruinen von Burladingen	11,5 km	3.30 Std.	360 Hm	–	●	●	●	●	●	●
28	●	Auf dem Felsenmeersteig	17,2 km	5.00–6.00 Std.	650 Hm	(●)	–	●	–	●	–	●
29	●	Schlossfelsenpfad Albstadt	14,7 km	5.00 Std.	370 Hm	(●)	(●)	●	–	●	–	●
30	●	Hörnle und Lochenstein	9,9 km	3.00–4.00 Std.	470 Hm	–	(●)	●	–	●	●	●
31	●	Hossinger Hochalb	15,2 km	5.00–6.00 Std.	350 Hm	–	–	–	–	●	–	●
32	●	Auf dem Klippeneck-Steig	9,2 km	2.45–3.15 Std.	400 Hm	●	●	●	–	–	●	–
33	●	Beuron und Burg Wildenstein	14,5 km	4.30–5.30 Std.	550 Hm	●	(●)	●	●	●	●	●
34	●	Ruine Dietfurt und Donaufelsengarten	14 km	4.30–5.30 Std.	500 Hm	●	–	●	●	●	–	●
35	●●	Auf dem Kloster-Felsenweg	13,3 km	4.30–5.30 Std.	400 Hm	●	(●)	●	●	–	●	●

Piktogramme erleichtern den Überblick

- 🕐 Gehzeit
- 👣 Länge
- ⛰ Höhenunterschied
- 🍴 Einkehr
- 🙂 Kindergeeignet
- 🏛 Sehenswürdigkeit
- ❄ Wintergeeignet
- ☀ Viel Sonne
- 🌳 Schattiger Weg
- 🚌 Bus/Bahn

PS:

Bei der Recherche zu diesem Büchlein haben wir selbst die Schwäbische Alb von einer Seite entdeckt, von der wir durch die Recherche für unser Buch »Schwäbische Hausberge« bereits eine gewisse Ahnung hatten. Auf der Spurensuche waren wir jedoch überrascht, wie dicht sich das Netz aus Erzählungen und Überlieferung vor allem entlang der Traufkante bis zu den nahe gelegenen Zeugenbergen erstreckt.

Ein Netz für die Schwäbische Alb

Während um uns herum alles miteinander vernetzt wird und der Kühlschrank vielleicht schon bald der Waschmaschine die zu erwartenden Flecken mitteilt, zeigen uns die Geschichten, dass solche Netze bereits im Mittelalter die Vorstellung der Menschen beeinflussten. Weiter im Westen glaubten die Menschen, alle Seen seien unterirdisch miteinander verbunden. Auf der Alb sind es die Höhlensysteme, von denen man dachte, sie führen im Verborgenen von einer Burg zur nächsten. Andere Legenden erzählen von Tieren, die in ein tiefes Loch gestürzt waren, um an einem weit entfernten Ort zurück ans Tageslicht zu finden.

Sich auf den Zauber einlassen

Auch regen alte Burgmauern, markante Felsformationen und Aussichtskanzeln die Fantasie der Menschen an. Zum Teil entspringen ihnen Geschichten, die versuchen, rätselhafte Strukturen verständlich zu erklären oder die einem selbst in einer ausweglosen Situation einen Retter in der Not schicken. Natürlich lässt sich heute auch auf der Alb (fast) alles rationell erklären. Sobald wir uns aber auf die Mythen und auf die Sagenwelt einlassen, trennt uns von einer natürlichen Besonderheit nur ein kleiner Schritt zu einer schaurig-schönen Geschichte. Damit entspringen unserer eigenen Fantasie neue Erzählungen, die später vielleicht auch als Sagen und Legenden weitergegeben werden.

Annette und Lars Freudenthal

Beim Amalienfels lädt eine
Lindenallee zum Flanieren
ein (TOUR 35).

Der Rabenfels zählt zu den beeindruckendsten Felsformationen im Oberen Donautal.

Register

Die Burg Hohenzollern, das Märchenschloss von König Friedrich Wilhelm II. (TOUR 26)

Ebenfalls erhältlich ...

ISBN 978-3-7343-1210-6

ISBN 978-3-7654-6024-1

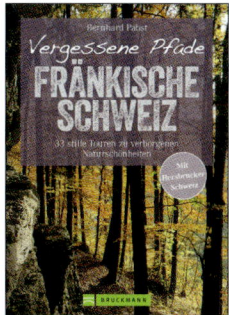

ISBN 978-3-7654-5205-5

ISBN 978-3-7654-8391-2

ISBN 978-3-7654-5275-8

ISBN 978-3-7654-6819-3

ISBN 978-3-7654-6070-8

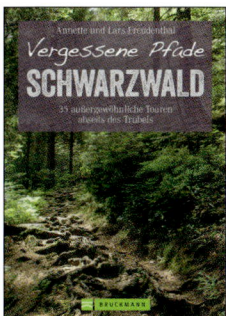

ISBN 978-3-7654-6803-2

ISBN 978-3-7343-1063-8

BRUCKMANN

www.bruckmann.de

Impressum

Verantwortlich: Stefanie Krüger
Redaktion und Layout: Andreas Kubin
Covergestaltung: Rudi Stix
Repro: Cromika
Kartografie: Bruckmann Verlag GmbH, Heidi Schmalfuß
Herstellung: Stephanie Schlemmer
Printed in Slovenia by Florjancic

Sind Sie mit diesem Titel zufrieden? Dann würden wir uns über Ihre Weiterempfehlung freuen.
Erzählen Sie es im Freundeskreis, berichten Sie Ihrem Buchhändler, oder bewerten Sie beim Onlinekauf. Und wenn Sie Kritik, Korrekturen, Aktualisierungen haben, freuen wir uns über Ihre Nachricht an Bruckmann Verlag, Postfach 40 02 09, D-80702 München oder per E-Mail an lektorat@verlagshaus.de.

Unser komplettes Programm finden Sie unter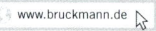

Autorenempfehlung
Sie sind auf der Suche nach weiterführender Literatur? Dann empfehlen wir Ihnen unseren Titel »Historische Pfade Schwäbische Alb«. Oder Sie werfen einen Blick in die Zeitschrift »BERGSTEIGER«. Hier werden Sie bestimmt fündig.
Annette und Lars Freudenthal

Bildnachweis: Alle Bilder im Innenteil und auf dem Umschlag stammen von den Autoren.
Umschlagvorderseite: Burg Hohengundelfinden (Tour 23)
Umschlagrückseite: Auf dem Donausteg (Tour 33)

Die Deutsche Nationalbibliothek verzeichnet diese Publikation in der Deutschen Nationalbibliografie; detaillierte bibliografische Daten sind im Internet über http://dnb.d-nb.de abrufbar.

2. aktualisierte Auflage
© 2021, 2020 Bruckmann Verlag GmbH
Infanteriestraße 11a, 80797 München

ISBN 978-3-7343-1331-8